华大讲堂

TOP FORUM OF
HUAQIAO UNIVERSITY

2016

主 编 ／
张永宁　曾　路

副主编 ／
赵小波　郭丹红

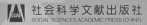
社会科学文献出版社
SOCIAL SCIENCES ACADEMIC PRESS (CHINA)

讲堂现场

︿ 第57讲，2016年3月17日，时任中国社会科学院副院长李慎明主讲"当前
意识形态形势及相关问题思考"。图为报告会现场。

∧ 第58讲，2016年4月12日，中国科学院院士许智宏主讲"中国农业发展面临的挑战和科技应对"。图为时任泉州市人大常委会主任陈万里向许智宏颁发"华大讲堂"主讲嘉宾纪念牌。

∧ 第59讲，2016年4月27日，中央党校原副校长李君如主讲"发展新理念与中国大趋势"。图为泉州市人大常委会副主任张建生为李君如颁发"华大讲堂"主讲嘉宾纪念牌。

∧ 第60讲，2016年5月23日，国家税务总局税收科学研究所所长李万甫主讲
"基于供给侧治理方略的税收改革与发展问题"。图为华侨大学副校长曾路为李
万甫颁发华侨大学兼职教授聘书。

∧ 第61讲，2016年6月7日，浙江省委党校党史党建教研部主任郭亚丁教授
主讲"深入开展'两学一做'，坚持全面从严治党——习近平党建思想研究"。
图为报告会现场。

∧ 第62讲，2016年11月16日，国家行政学院一级教授许耀桐主讲"坚定推进全面从严治党——十八届六中全会精神解读"。图为时任华侨大学校长贾益民为许耀桐教授颁发华侨大学兼职教授聘书。

∧ 第62讲，2016年11月16日，国家行政学院一级教授许耀桐主讲"坚定推进全面从严治党——十八届六中全会精神解读"。图为时任中共泉州市委书记郑新聪为许耀桐教授颁发"华大讲堂"主讲嘉宾纪念牌。

∧ 第63讲，2016年12月26日，中国国际经济交流中心副总经济师徐洪才主
  讲"当前中国经济形势与政策"。图为报告会现场。

前　言

　　"华大讲堂"是中共泉州市委、泉州市人民政府和华侨大学于2009年联袂创立的高端学术文化讲坛。

　　主办双方搭建"华大讲堂"这一平台，旨在发挥高校学术资源和文化高地的优势，广邀国内外各界各领域的著名学者、专家和高层人士，为广大干部群众、社会各界人士和学校师生提供最新的理论、最权威的信息，传播新思想、新观念，以启迪思维，开阔视野，为促进发展提供精神动力和智力支持。

　　自启动以来，"华大讲堂"保持了顺利、持续运作，得到了泉州市委市政府和华侨大学的全力支持、协同配合，得到了专家学者的悉心指导、新闻媒体的长期关注和听众网友的热情参与。

　　春风化雨，润物有声。8年来，"华大讲堂"始终坚持高起点、高要求，体现高水平、高品位，围绕诸多经济社会发展的重点、热点、焦点和难点问题，举办了63场高水平报告会，广邀名家进行了深度解读和生动讲解，一大批博学鸿儒纷至沓来，为经济社会发展提供了前沿信息和理论指导。

　　"华大讲堂"的主讲嘉宾既有著名智库、一流高校的学者，又有国家部委的官员；既有人文社会科学领域的著名专家，又有两院院士；既有境内又有境外的学者。他们都是相关领域颇有影响和建树的权威专家，其中有的是两院院士或社科院学部委员，有的曾为中央政治局集体学习作专题主讲，有的曾参与起草党和国家有关重要文件。他们的演讲高屋建瓴、深入浅出、分析精辟、娓娓道来，耐人寻味、启人心智。

"华大讲堂"是校地中心组联合学习的理论平台，也是干部群众涵养知识的文化场所，融思想性、文化性、公益性、开放性于一体。每一讲都有泉州市委理论学习中心组和华侨大学党委理论学习中心组成员参加，吸引了众多泉州市干部群众和华侨大学师生现场聆听，许多听众都慕名前来。一场场生动精彩的讲座，让泉州各地干部群众和华侨大学教师学生，和名家对话，与鸿儒交流，能够在现场享受学术文化的盛宴，感受思想的魅力。

听众们反映"华大讲堂"由知名专家主讲，内容深刻，受益匪浅。许多华大学生表示在"华大讲堂"听到了来到华大之后最好最精彩的讲座。福建省有关方面也对"华大讲堂"高度赞赏，认为"华大讲堂"已成为福建省的一个著名品牌，华侨大学还被福建省委宣传部确定为首批"省级理论进基层示范点"。"华大讲堂"在国内学术文化界有一定的影响，一些专家向主办方表达了登临讲堂的意愿。

经过多年的努力，"华大讲堂"的高端品位经受住了时间的考验，赢得了社会各界的广泛赞誉和高度评价，品牌影响力和辐射力不断凸显，成为推动发展的大论坛和加强交流的新窗口，是泉州市和华侨大学合作共赢的典范。

为更好地共享讲座资源，让更多的人有机会分享"华大讲堂"的精彩报告，每场报告会都通过网络视频、有线电视进行现场直播和微博实时图文播报，泉州市和华侨大学还分别建设了讲堂专题网页，"华大讲堂"系列丛书已经出版了 7 辑，深受机关干部、社会各界和学校师生的喜爱。本书是"华大讲堂"系列报告第 8 辑。本辑收录了第十二届全国人大内务司法委员会副主任委员李慎明、北京大学原校长许智宏、中共中央党校原副校长李君如、国家税务总局税收科学研究所所长李万甫、浙江省委党校党史党建教研部主任郭亚丁、国家行政学院一级教授许耀桐、中国国际经济交流中心副总经济师徐洪才等 7 位专家的讲稿，以及与听众的互动交流，内容涵盖社会发展、文化产业、金融改革、政府改革、当前改革形势与任务、城镇化建设、能源问题等社会热点、难点、焦点问题。这些演讲具有宽阔的国际视野和浓厚的时代气息，内容翔实丰富，与社会实际紧密结合，对理论思考和实际工作都有很强的指导性和启发性。

"等闲识得东风面，万紫千红总是春。"面对建设"东亚文化之都""21 世纪海上丝绸之路先行区""国际文化交流展示中心"的新机遇，面对世情侨情新变化、构建国家侨务工作大局的新机遇，主办方将加强合作，积极创新，提高水平，提升品位，大力传播先进文化，努力把"华大讲堂"打造成独具特色和魅力的区域性高端文化品牌。

期待各界朋友继续关注和支持！

让我们共同努力，携手共进！

编者

2017 年 3 月

目 录
CONTENTS

『华大讲堂』第57讲

主讲人：李慎明

时　间：2016年3月17日

当前意识形态形势及相关问题思考

　　李慎明　第十二届全国人大常委会委员，第十二届全国人大内务司法委员会副主任委员。中国社会科学院原副院长、党组副书记，世界社会主义研究中心主任，研究员、博士生导师。

　　中央马克思主义理论研究和建设工程咨询委员会委员、首席专家。全国哲学社会科学评审委员会国际问题组组长，国务院学位委员会第七届学科评议组政治组成员。中国政治学会会长、全国党的建设研究会副会长、中国中共文献研究会副会长、中共党史研究会副会长、中国科学社会主义学会副会长、中国国际文化交流协会副理事长、中国国际战略学会顾问、国家中医药管理局中医药改革发展专家咨询委员会顾问，中国社会科学院研究生院教授，清华大学、南开大学、北京交通大学、郑州大学、国家行政学院、国家教育行政学院等校兼职教授，华侨大学名誉教授。俄罗斯科学院、莫斯科大学名誉博士等。

　　1978年任解放军报社记者。1983年任中共中央办公厅、中央军委办公厅王震同志秘书。1994年任军事医学科学院副院长。1997年被授予少将军衔。

　　主要研究方向为党的建设、民主政治、国际战略。主要著作有《对习近平总书记所讲社会主义的体悟——科学社会主义理论与实践、机遇与挑战》《忧患百姓忧患党——毛泽东关于党不变质思想探寻》《居安思危——苏共亡党二十年的思考》《全球化背景下的中国国际战略》《全球化背景下的中国大党建》《王震传》（合著，上、下册），六集DVD党内教育参考片《苏联亡党亡国20年祭——俄罗斯人在诉说》总撰稿，数部作品获国家有关奖项。

尊敬的泉州市委市政府的领导、华侨大学的领导，各位同志、各位专家、各位学者、各位老师、各位同学：

大家好！很高兴今天上午给我一个机会来到这里给大家汇报当前意识形态形势及相关问题的思考。

我想先谈两点体会。第一点，来到泉州有一个非常强烈的感受就是，中华文化主导的多种文化交流、交融、交汇，在泉州体现得非常明显。中华文化海纳百川的胸怀，各种文化在这里和谐共生，感触非常深，而"华大讲堂"的文化渊源和根基在这里。第二点感触就是，在座的可能直接与廖公（廖承志）接触不多，我直接跟廖公接触过，跟廖公有非常深厚的感情，他是华侨大学的首任校长，我非常敬重廖公。因为我在王震那里工作过十多年，两个人的关系非常好，本来廖公被提名为国家副主席候选人，结果突然去世了，廖公确实非常值得敬重。我到了泉州也想起了十分敬重的廖公，希望华侨大学的师生永远记着廖公，廖公是我们党的优秀无产阶级革命家，是共产主义战士，是一个优秀的共产党员，同时，也是我们中华民族的英雄，是华侨中的楷模。下面接着给大家汇报今天的问题。

大家都知道，习近平同志有一个著名的"8·19"讲话。2013年的全国宣传思想工作会议上，习近平同志作了非常重要的讲话。另外，就是今年（2016年）的"2·19"讲话，关于新闻舆论；再一个就是关于文艺工作的讲话。新闻舆论的讲话和文艺工作的讲话实际上都是全国宣传思想工作会议派生的，所以全国宣传思想工作会议上的讲话显得非常重要。2013 年、2014 年和 2015 年连续三年，中央办公厅四次就意识形态工作发文。2015 年以中办的名义就意识形态工作发了两个文件 ①，2015 年 10 月的发文就要求各级党委班子对意识形态工作负主体责任，同时要对经济、政治、文化、社会生产、党的建设进行考核，强调领导干部对否定中国共产党领导、攻击社会主义制度的错误言行要敢于亮剑。这是在我们党的历史上没有过的。

毛泽东、邓小平、江泽民、胡锦涛以及以习近平同志为总书记的党中央都高度重视意识形态工作，反复强调要坚持意识形态工作的正确方向，并一刻也不能放松。我们既要看到当前意识形态领域健康向上的主流态势，又要充分认识其斗争的复杂性和长期性，进一步增强政治意识、大局意识、责任意识和忧患意识，始终保持头脑清醒、居安思危，提高政治敏锐性和鉴别力，为坚持和发展中国特色社会主义而奋斗。

今天要跟大家汇报四个问题：第一是意识形态的定义、重要性和我国意识形态工作形势；第二是九个相关理论思潮或理论问题；第三是提出加强意识形态工作的国际国内背景；第四是高度重视意识形态工作，为坚持和发展中国特色社会主义而奋斗。

---

① 《党委（党组）意识形态工作责任制实施办法》《关于进一步加强和改进新形势下高校宣传思想工作的意见》。

一　意识形态的定义、重要性和我国意识形态工作形势

（一）从所处社会结构中的位置看意识形态的定义

1. 经济 = 生产力 + 生产关系

我们能不能把意识形态放到整个社会结构中去看？无非是三个：经济、政治、文化。

我们先看什么叫经济。打一个通俗比喻，"经济 = 生产力 + 生产关系"。什么是生产力？就是这样三个因素组合："人 + 劳动工具 + 劳动对象"，这就变成生产力，而人是生产力中最根本的因素，一定要记住人的重要性。我们所说的科学技术是第一生产力，没有人就没有科学技术，它们是有高度性一致的并排关系。什么叫生产关系？也是三个组成部分（"所有权 + 分配 + 人"）之间的关系，在生产活动中，人必然结成一定的生产关系。"生产力 + 生产关系"就是实质上的经济。

2. 政治 = 政治的上层建筑

什么叫政治？政治是经济的集中表现，经济基础决定政治上层建筑。国家机器包括国家、政党、法律、机制体制，它们全部属于政治上层建筑，是看得见摸得着的东西，是客观存在。人也是政治上层建筑中最根本、最活跃的因素，不仅仅是生产力因素。没有人就没有上层建筑，上层建筑是从经济基础开始的，都以人为根源，以人为本。没有人，人类社会的一切都不存在，这是最简单的道理。从这个意义上讲，是人最终决定了体制机制。在小单位内，个人有时候对体制机

制无能为力，但放到历史长河里，用历史唯物主义的观点看，当然是人决定体制机制。

3. 文化 = 文化的上层建筑

文化也属于上层建筑，但是文化看不见摸不着，它有载体。实际上文化都是观念形态的东西，而观念形态的东西有电影、小说、理论，这些是看得见摸得着的，它必须依附于载体，没有载体就不存在。文化本身是观念形态的东西，是存在于人们头脑里的，是对外部客观世界的反映，没有客观存在的现实载体，就没有文化。当然，人本身也是一个客观存在的物质，人死了以后，观念形态的东西就没了。意识形态是阶级利益的反映。

恩格斯关于意识形态的定义：意识形态就是一个民族或一个时代在一定的经济发展阶段基础上发展起来的"人们的国家设施、法的观点、艺术以至宗教观念"。比如，我们现在是社会主义初级阶段，这个阶段有一定的经济基础，在这个基础之上形成的人们关于国家设施的观点，是怎么看待国家的关于法的观点。法本身属于上层建筑，法的观点就属于意识形态。在座各位无论是学经济学还是学法学的，要从方方面面把最基本的东西理清楚才行。艺术以至宗教观念，我们这里有各种宗教，关于宗教观念的东西属于意识形态，这就是恩格斯关于意识形态的定义。

4. 意识形态是一定阶级的文化在阶级利益上的反映与表现

意识形态是文化领域里精华与糟粕的直接体现，直接或间接地反映各种政治、经济理论与政治、经济思潮，为一定的政治制度、经济制度和经济基础服务，进而促进或破坏一定经济基础甚至一定社会的生产力。在历史长河中，人在生产力、生产关系、经济基础、上层建筑、文化机制、意识形态中都是最根本、最活跃的因素。

5. 文化和意识形态的结晶是信仰

到国外去交流的时候，有人会问你们信什么教。美国87%的人基本上信仰基督教。中国有1亿多人口有宗教信仰，他们说13亿人口竟有12亿人没有信仰，这多么可怕，这个社会光凭管理能行吗？他们不讲制度，却讲意识形态、讲信仰，很多人都这么讲，我们干部也论证宗教的合理性，光用制度能管理好国家吗？实际上，我们是有信仰的，大家都知道愚公移山，我们也信仰"上帝"，这个"上帝"不是别的，就是人民群众。1965年2月19日，毛主席会见坦桑尼亚总统尼雷尔时说，"上帝就是人民，人民就是上帝"。共产党人有信仰，就是人民。伊斯兰教徒信仰真主，基督教徒信仰上帝，佛教有大乘佛教和小乘佛教，他们都有信仰。有人说，共产党人没有信仰，不对，我们信仰人民。我们的人民不仅是现在存在的，大家在座的都是人民，而且世世代代永生，我们经过奋斗，大家团结起来向更美好的社会迈进。进化论不仅体现在动物界、生物界，在人类社会也有进化论，这个信仰是最真实的，最终能实现。那么，我们为什么反而心虚了，不敢讲我们的信仰了？这样不行。

我再打一个比喻，不知道有没有道理。我们再来看一下意识形态在整个社会结构中的位置。如果把整个社会比作三层楼的建筑，生产力就是地基，整个社会是建立在生产力的基础上，生产关系是楼的第一层；政治的上层建筑是政党、军队、监狱、法律，这是楼的第二层；第三层就是文化，前两层是客观存在，第三层是虚拟的，但同样是客观存在。我们觉得思想是观念，在我的脑子里面，它是客观存在的，但别人的观念也同样存在别人的脑子里，它也是客观存在，是消灭不了的，它也是最真实的意识形态的反映。同样是存在，不同的就是前两个在一定程度上是物质的，唯独文化、意识形态这个客观存在是精神层面的，我们可以感受到，但摸不到。所以，从这个意义上讲，可以模模糊糊地感觉到什么叫文化、什么叫意识形态、什么叫宗教，可能单从意识形态本身理解不是那么深刻，放在整个社会结构里面来理解会不会更形象一点？

（二）意识形态的重要性

1. 革命领袖与领导人论述

我们先看革命领袖和领导人的论述。

一是马克思。他说，"如果从观念上来考察，那么一定的意识形式的解体足以使整个时代覆灭"[①]。苏联解体就是这样。《历史在这里沉思：苏联解体 20 周年祭》相信很多人都看了，苏联解体从一定意义上讲是从观念形态乃至意识形态开始的。

二是毛泽东。他说，凡是要推翻一个政权，总要先造成舆论，总要先做意识形态方面的工作。革命的阶级是这样，反革命的阶级也是这样。在微信上各种各样的思潮交流交融，实际上背后是各种思潮的激烈交锋。

三是邓小平。他说，我希望冷战结束，但现在我感到失望。可能是一个冷战结束了，另外两个冷战又已经开始。一个是针对整个南方、"第三世界"的，另一个是针对社会主义的。西方国家正在打一场没有

---

① 《马克思恩格斯文集》第 8 卷，人民出版社，2009 年，第 170 页。

硝烟的"第三次世界大战"。所谓没有硝烟，就是要社会主义国家和平演变。邓小平同志是在 1989 年会见尼雷尔的时候讲这个话的，苏联 1991 年就解体了。

四是习近平。他说，意识形态工作是党的一项极端重要的工作。……一刻也不能放松和削弱意识形态工作，必须把意识形态的领导权、管理权、话语权牢牢掌握在手中，任何时候都不能旁落，否则就要犯无可挽回的历史性错误 ① 。

2. 西方政要和战略家相关论述

我们再来看看西方政要和战略家的相关论述。

一是美国第 25 任总统麦金莱。在 1898 年解释他决定占领菲律宾的决策时说：教育菲律宾人，使他们变得高尚、文明，并且信仰基督教，除此之外，我们没有什么可做了；承蒙上帝保佑，尽我们所能为他们做得最好，像为我们的同胞一样，基督也为他们而死。你们要为基督祈祷，每周去赎一次罪，就不会触犯基本的经济政治制度。你有原罪，你不要造反，安于贫困的生活，这个社会秩序就稳定了。

二是乔治·凯南。他 1948 年就说，"我们拥有世界 50% 的财富，但人口只占世界的 6.3%。在这种情况下，我们难免成为被妒忌和愤恨的目标。我们在下一段的现实任务是，设计一种在不危及我们国家安全的情况下，允许我们能够保持这个差距的关系模式"。我们只要不被嫉妒，大家安于这样的生活，向我们学习，这个差距就永远保持下来，现在同样还在保持，这就是通过软办法、思想进步的方法保持物质生活的巨大差异，你们的思想千万不要解放。

---

①　《胸怀大局　把握大势　着眼大事　努力把宣传思想工作做得更好》，《人民日报》2013 年 8 月 21 日，第 1 版。

三是曾任美国助理国务卿的乔治·阿伦。他说，"我不是特别关心炮火和宣传对人类有利或有害。我只是强调，我在此处谈的是大范围的宣传。我们美国人必须懂得并善于防御性或进攻性地使用宣传；否则我们会发现自己像 500 年前拒绝认真使用炮火的古骑士"。所以，美国花了大量的钱用在对外宣传上，通过各种非政府组织做宣传。

四是美国总统艾森豪威尔。他说，"领导力是一种艺术，从而让他人心甘情愿为你想完成之事而奋斗"。我们国内有一些学者，甚至是著名学者，以及一些年轻人摩拳擦掌为美国人做事，他们是发自内心的，也是一种"信仰"。有一些在单位机关没拿到什么钱，把我们的绝密文件心甘情愿地提供给美国人，他们愿意为美国人做事。

五是精通文化冷战的美国心理专家克罗斯曼。他说，"最好的宣传就是要做得好像从来没有做过一样"。

六是尼克松。1969 年初他在其就职演说中说，"经过一段对抗时期，我们正进入一个谈判时代"，"历史所能赐予我们的最大荣誉，莫过于'和平缔造者'这一称号"，"我们邀请那些很可能是我们对手的人进行一场和平竞赛"。对苏联和平演变，和平竞赛，最终不战而胜。对中国当然是采取同样的方式，有何不可？

七是基辛格。在美国的战略家里面，称得上"战略家"的一个是基辛格，一个是布热津斯基。基辛格写了一本厚厚的书——《基辛格：美国的全球战略》，在书的结尾写道："美国的全球战略"是如何把自己的权力转变成道德共识——不靠强权将自己的价值观强加在别国头上，而要让别国愿意接受自己的价值观。

八是布热津斯基。他的"奶头乐"理论："要使全球 80% 被'边缘化'的人安分守己，20% 搭上全球化快车的人高枕无忧，就需要采取色情、麻醉、低成本、半满足的办法解除被'边缘化'的人的精力与不满情绪";"公众们将会在不久的将来，失去自主思考和判断的能力。最终他们会期望媒体为他们进行思考，并作出判断"。现在很少有人不被媒体牵着鼻子走，尤其包括一些干部被微信牵着鼻子走，每天早起看微信。我们要看到，很多关键的东西还不是以我们为主，有很多微信的段子是美国本土制作的。

九是美国著名学者乔姆斯基。他说，"在西方，为政治和意识形态而老谋深算地操纵公众舆论是被精心隐蔽的，所以，与极权体制下的强制宣传系统相比，这种方式有效得多"，"它不是控制我们想什么，而是控制我们想的是什么"。

十是美国总统奥巴马。2010 年 4 月 15 日，奥巴马在出访澳大利亚前夕接受了澳大利亚电视台的专访。奥巴马通过电视镜头向全世界明确宣布：如果十多亿中国人口也过上与美国和澳大利亚同样的生活，那将是人类的"悲剧"和"灾难"，地球根本承受不了，全世界将陷入非常"悲惨的境地"（美国人口不到全球的 5%，却消耗了全球 20% 的能源、16% 的淡水、15% 的木材，生产 10% 的垃圾和 25% 的 CO_2）。

奥巴马与时俱进，100 多年前麦金莱提出的理论，奥巴马现在仍然在维护他的理论。中国不可能富，富的国家有限，怎么能和美国人过上同样的生活呢？意识形态说到底是为了经济。高加索曾流传这样一个笑话："为什么美国不发生革命？因为那里没有美国大使馆。"美国没有宣传部，"美国之音"在我们国内是收不到的。橄榄球、百老汇、脱口秀就是美国的大众文化。大众的意识形态就是这样，对国际国内的大事根本不关心。美国有世界霸权，买世界各地最好的东西，只印美元就行，然后物资回流，通过飞机、轮船不舍昼夜地运到美国去，用低物价搞全民福利，就这样还有将近 3000 万很穷的流离失所的人。

（三）主流态势与相关问题

党的十八大之后，以习近平同志为总书记的党中央领导的整个意识形态工作，从一定意义上讲发生质的变化，非常好。各级党委加强思想理论建设，十八届五中全会之后，下半年召开六中全会，这个精神在全党进一步得到贯彻。新一届党中央对意识形态重大理论问题不回避，敢于旗帜鲜明地表明坚持马克思主义的改革，理论研究和武装工作进一步深入。新一届党中央推出一系列治国理政的新举措，为我们意识形态工作奠定了非常好的基础。国内组织开展了一系列重大活动，如 2015 年纪念中国人民抗日战争胜利 70 周年活动起了非常好的作用。

值得关注的问题有六个。

一是思想意识多元多样的特点更加明显。泉州以中华文化为主，这个基础比较牢固；全国以马克思主义为指导，以中华民族优秀文化传统为指导。"无信仰"和非马克思主义信仰的人员仍占有较高比例，"左倾"、右倾思潮都有。

二是民生是关注的重点。腐败、就业、物价、房市、股市、医疗、财富占有和收入分配差距拉大等问题比较突出，这些社会问题的存在给意识形态工作带来非常大的挑战。

三是思想观念、价值取向与现实利益相互交织，识别和处理的难度进一步加大。

四是西方各种反华势力，西方驻华使领馆、媒体机构、非政府组织和国内"异见分子""维权分子"，利用合法外衣实现政治目的的渗透活动增多。

五是利用互联网。利用互联网论坛、博客、微博和各种报告会、研讨会、高校讲坛、出版物进行渗透活动升级，有一些书架上的热销书恰恰是一些企图把中国搞乱的人写的。

六是意识形态面临以美国为首的西方国家的侵蚀。主要包括：以美国为首的西方世界利用广播、卫星、电视等传统媒体，对我国进行全方位、立体式包围；利用互联网等新型媒体，与我们抢占思想文化新阵地；抢占我们的文化市场，挤压我们的民族文化产业生存发展空间；利用各种基金会、非政府组织、对外学术交流等手段对我国进行渗透；攻击的重点是我们的领袖；西方在一定程度上掌握我国意识形态工作好坏的评价权。

美国前国务卿奥尔布赖特曾说："中国不会拒绝互联网这种技术，因为它要现代化。这是我们的可乘之机，我们要利用互联网把美国的价值观送到中国去。"我举一个例子，2011年2月19日，美国一个网站上发了一个短消息，号召第二天即周日下午两点在中国13个大城市举行"和平散步"，在北京指定的地点就是王府井。它想搞一个实验，看一看有多少人响应，时间到了，美国驻华大使洪博培也到了现场，尽管到现场的只有几个年轻人，他们手里拿着茉莉花。这时不去维稳肯定不行，我们当时现场出动基本是上千人。希拉里就高兴了，等到条件成熟（我认为她说的条件成熟就是经济下行开始。经济下行，就业更困难，年轻人可能就有一点不安），等到那个时候，每周日下午两点号召中国所有大中城市举行"和平散步"，光这笔维稳经费就足以把中国经济拖垮。美国的战略是成熟的。正因为这样，毛主席他老人家早就说过，人家搞了几百年，在苏联获得了成功，有这样成功的案例。

网络是非常好的东西，但一定要看到它的"双刃剑"作用，要看到这背后是美国人在主导，我们在座的有学自然科学的，要下决心建我们国家自己的网络。一定要看到互联网、大数据、云计算背后的"双刃剑"。

要搞垮一个国家，首先就要攻击这个国家的执政党，要搞垮这个国家的执政党，首先就要丑化这个党的主要领袖。这是国内外敌对势力企图西化、分化我们花钱最少但最有效、最便捷的手段。苏联亡党亡国，从一定意义上讲，就是敌对势力从丑化、攻击列宁和斯大林开始的。

前些年流行一本李志绥回忆毛泽东的书，我在中南海工作十多年，我可以负责地说这本书是虚假的，本质上是虚假的。李志绥1988年到了美国，带了大量的书和文件，有美国中央情报局背景的人找到了他。李志绥所说的和毛主席的接触，塞了很多私货，然后就变成了虚假的故事。2008年我到剑桥大学，我对剑桥大学一些人说，各位咱们讨论一下张戎女士这本书——《毛泽东：鲜为人知的故事》，他们几乎异口同声地说不要讨论这个。1991年我就见过她。这两本书翻译成几十种文字在上百个国家出版，台湾的旅游车上总是在播这些。攻击领袖是搞垮一个国家、一个政党最直接、最便捷、最省钱、最有效、最有力的办法。如果大家感兴趣，可以读读《毛泽东年谱》，是中央文献出版社出的。我60多岁了，我用一年时间把九本书全部读完了。在座的可能都比我年轻，要是关心的话，读一读才有发言权，尤其是年轻人，否则就没有发言权。读都没有读过，光靠微信里面一两篇文章对重大问题作出结论，那有点轻率了。这是第一个问题。

二　九个相关理论思潮或理论问题

这九个相关理论思潮或理论问题是中办点名的。

一是"新自由主义"。这是西化、分化我们的经济纲领。新自由主义以"自由"立论，坚持"绝对个人自由"，把"自由"贩卖给发展中国家。美国国内不搞新自由主义，但美国教其他国家这么做，然后其他国家永远当殖民地、永远是半殖民地经济。所谓的"金融自由"，美元可以任意地印刷，然后由它来主导统一世界。比如股市，现在在座炒股的有不少人，或者家属里面有人炒股，哪有自由？大股市是国际金融资本在坐庄，每个个股背后都有一些资本在坐庄，这些散户是被别人控制操作，个别人可能赚了一点点，大部分人可能血本无归。一个人开 20 个账户是可以，过程好像是很自由，但规则是国际资本制定的。所以，不要相信自由，因为时间关系不能展开讲。

二是"宪政问题"。这是西化、分化我们的政治纲领。很多人认为宪政就是以宪治国，这多好，实质上不是。西方明确讲只有政体没有国体，过程就是一切，结果不重要了。一些社会学理论不就是这样吗？不要管结果公平不公平，过程公平就行了。实质上过程本身已经内含了结果，穷人和富人的孩子在起点上就不公平，光有一个过程公平能行吗？宪政就是限制政府的，不限制国际垄断资本、国内大资本。既然以宪治国，就不讲公民义务，只讲公民权利；不讲我们的国体、基本经济制度，不讲分配和国有经济，实质上只要一个以宪治国够吗？中国特色社会主义是三句话："党的领导、人民当家作主、依法治国"。依法治国不仅包括宪法，而且包括了其他的各种法律，宪政就是光讲一个以宪治国，这个低好几层次的口号怎么能代替三句话的有机统一？怎么能代替人民民主或者社会主义民主的口号？实际上，它所说的宪政已经包含了"一、二、三、多、两杆子"：一个总统（不要党的领导），两院制，三权分立，多党制，笔杆子（新闻自由）、枪杆子（军队国家化）。司法独立，不受党领导，也不受人民群众监督。它所说的宪政已经内含了西方国家的政治结构，所以不能轻易地纳入。

三是"普世价值"。这是西化、分化我们的理论纲领。我讲以下几点，为什么我们国内这几年对普世价值这么关心？因为2010年奥巴马政府的《国家安全报告》里提出，要推广普世价值，作为国家安全战略，在全球要讲这个事。我们学界方方面面在讨论，前些年不讨论，等到推广普世价值作为战略为美国人服务时，我们就开始讨论了，但人家先设置了议题。《共产党宣言》说社会意识是不同的，各个世纪的社会意识总是在某些共同的形式中运动的，即有普世形式但没有普世内容——没有普世价值，有普世形式。在座学过哲学的都知道，哲学里面非常重要的一个范畴就是形式和内容，尽管二者有联系，但有本质上的区别——内容决定了形式，形式为内容服务，不能把形式和内容混为一谈。我们的内容本质，如选举是为了人民，但美国现在争来争去是为了资本，管他谁当选，不管是特朗普还是希拉里，上来必然是为资本服务。选举的形式都是到处拉选票，一人一票，少数服从多数。在形式上，社会主义比资本主义好。马克思、恩格斯讲的就是一个道理，从形式上看有普世。所以，毛主席说为什么人的问题是根本的问题和原则的问题，内容才是根本和原则，《共产党宣言》早就把普世价值和普世形式讲得很清楚。

有人说普世价值不存在，每个人都想好吃好喝，这是自私心理。好吃好喝是使用价值，我们所说的普世价值是社会意识。好吃好喝是生理本能、"食色，性也"，是动物都有的，不是人的特质，我们不能把人降低为动物。普世价值只有人类才有，人的一般特性就是劳动，人与动物区别开来了。通过劳动建立生产关系，产生了社会意识，这是人的第二性。第二性在不同的时代是变化的、不固定的，好吃好喝每个时代都有，而社会价值、社会意识不同，在不同的时代，人有不同的价值标准，所以不能说一个国家存在普世价值。

普世性和普遍性也不是一回事，普遍性是普遍真理。有人说马克思主义为什么不是普世价值？不对，那是普遍真理，它是存在于社会规律内部的本质和规律的表现。普世是指从主观出发认定然后向其他人群和国家来推广，它不是自在的，所以说不能把普遍和普世混为一谈。全人类的共同价值不是普世价值，我们和美国各个宗教有交融交集，如圆和圆，各种不同图形有时候有共同点，除了共同价值之外还有很多不同的地方，不能光讲这一点。普世价值是主要的，是全部覆盖的、无缝交融交合，一定要把普世价值的观念弄清楚。美国推广的普世价值，是自封的普世价值，你能接受吗？如果接受了，在文化上受这个束缚了，政治上就被削弱了，经济上就跟着它走，永远不能超过它，永远当它的奴隶，这就是文化意识形态对政治和经济的影响。

四是"公民社会"。这是西化、分化我们的社会纲领。一提到公民这个词就是公民说了算，党和政府别掺和。我们现在是公民社会自治，毫无疑问，党有腐败现象，政府里面有坏人，但公民社会说到底是以国际垄断资本、大资本家的利益为代表的。如果这样下去，中国共产党和中华人民共和国，还有广大老百姓就会吃苦。其目的是什么？国际大资本进来操控。

五是"社会民主主义"。关于社会民主，有两个词，一个叫民主社会，一个叫社会民主，这两个词有区别。社会主义进入高潮，国家是社会主义，所以就打出了民主社会主义的招牌；社会主义低潮来了，就叫社会民主。它与马克思主义、科学社会主义有本质的区别，主要是：①坚持党的领导还是资产阶级的多党制；②坚持公有制占主体地位还是实行私有化；③坚持人民民主专政还是实行议会民主、三权分立为形式的资产阶级专政；④坚持以马克思主义为指导还是指导思想多元化。

六是"历史虚无主义"。历史虚无主义贯穿西化、分化我们的经济、政治、文化和社会纲领，是西化、分化我们的开路先锋和精神支柱。

七是"新闻自由"。一些人以"新闻自由"为借口，把媒体说成"社会公器"，是与立法、行政、司法并立的"第四权力"，其实质是要反对党对媒体的领导和管理，放任资本的操控。普通老百姓在资本的统治下，在网络上被任意攻击，有为自己辩护的权利吗？连一点儿辩护的权利都没有，哪有自由？

八是正确认识两个历史时期。习近平同志在"1·5"讲话里提出，"正确对待改革开放前后两个不同历史时期"①。这很重要，同时深得全

---

① 《人民日报》2013 年 11 月 8 日。

党、全军、全国人民的拥护。

九是关于质疑改革开放和中国特色社会主义性质的问题。改革开放和中国特色社会主义，有人认为中国特色社会主义就是中国的资本主义，这是极"左"的思潮，这种思潮同样有危害。但前面有一些右的思潮是有国际资本在支持操纵。各种错误思潮都要反对。国际资本的力量是强大的，在不同的群体中都存在。在一些老干部中，可能是"左"的思潮；在一些年轻干部中，右的思潮也亦避之。

三　提出加强意识形态工作的国际国内背景

习近平总书记多次强调，机遇非常好，现在的机遇非常难得，尤其是国际金融危机，不要小看它的力量，同时要强调挑战。

（一）国际方面难得的四个机遇

我们来看国际方面的四个问题。

1. 和平发展合作仍然是当今时代的主题

美国已经踏上了衰落之路，没有极特殊的情况，它会从巅峰跌落，尽管这一进程需要几十年甚至更长的时间。这个帝国的败象已经显现了，内囊已经空虚了，这是毫无疑问的。因为它张着大嘴吃世界吃了那么多年，债台高筑，人们对它那么高的债务表现出担心，对美元霸权提出了质疑。

世界多极化正在深入发展。哪个大国都懂得"不战而屈人之兵"

之道之妙，都不想打。美国不想打，想用和平的方法制约中国；我们不想打，最好的办法是和平发展；日本不想打，想用和平的办法肢解中国，把钓鱼岛拿走；我们不想打，想用和平的办法把钓鱼岛拿回来；朝鲜不想打，想用和平的办法拥有核武器；美国、日本、韩国不想打，想用和平的办法把朝鲜的核武器销毁甚至把金正恩政权给推倒。都不想打，三五年之内就打不起来，打不起来就是绝好的机遇，我们要分外珍惜。

2. 国际金融危机仍在深化

这是资本主义经济、制度和价值观念危机。很多人都在解释这场危机突然爆发的原因，似乎是从天上掉下来的，没有信心，信心比黄金还重要，资本家太贪婪。这些都是子原因，不是根本原因。马克思讲的才是根本原因。马克思在《资本论》中说，一切现实危机的最根本的原因，总不外乎群众的贫困和他们有限的消费，而与此相反，资本主义生产却不顾这种情况而力图发展生产力，好像只有社会的绝对的消费能力才是生产力发展的界限。现在资本主义危机的根源就是富人越来越富，穷人越来越穷，广大群众不是没有绝对需求，是口袋里面没钱，没有相对需求，没人买你的东西，你的东西相对过剩，就是这一个原因。这场危机到现在已经发生八年了，再有八年能不能走得出去，我觉得不好说，甚至我认为走不出去。在危机爆发之前我写过文章。危机爆发之后我认为更大的金融灾难还在后面，现在我依然坚持这样的观点。现在美国的核心期刊上，我没有想到左翼的思潮观点这么强大。美国的《外交》杂志 2016 年 1～2 月刊登了五六篇文章，呼吁注意财富差距、收入不平等。其中《不平等与现代化》一文中说："1915 年，美国最富有的 1% 人口的收入，占全部国民收入的 18% 左右，而2011年，美国最富有的1%的人口则掌握全国40%的财富。"资产阶级营垒里面有见识的思想家、学者在思考，这样下去资本主义的天要塌，不能这么做，要顾及一点全局利益和资本主义利益，别弄得最后资本主义垮了。法国的皮凯蒂就是一个代表。

3. 苏联亡党亡国这一难得反面教材走到我们前面

邓小平1991年会见金日成时说："东欧、苏联的事件从反面教育了我们，坏事变好事。问题是我们要善于把坏事变成好事，再把这样的好事变成传统，永远丢不得祖宗，就是马克思主义。"俄罗斯《共青团真理报》2016年3月8日报道，俄罗斯评价百年来历届领导人的功过，分正面、平庸、负数三个等级，正面是＋，平庸是＝，负面是－，唯独列宁、斯大林和普京全部是＋（见表1）。

表1　俄罗斯百年来历届领导人的功过评价

	国家总体情况	是否开疆扩土	人口	生活水平	经济实力	军事成败	外交及内政独立	全球影响力	下台方式	公众形象
居古拉二世	－	＝	＋	＋	＋	＋	－	－	－	－
克伦斯基	－	－	＝	－	－	－	－	－	－	－
列宁	＋	＋	＋	＋	＋	＋	＋	＋	＋	＋
斯大林	＋	＋	＋	＋	＋	＋	＋	＋	＋	＋
赫鲁晓夫	＝	＋	＋	＋	＋	＋	＋	＋	＋	＋
勃列日涅夫	＋	＝	＋	＋	＋	＋	＋	＋	＋	＋
戈尔巴乔夫	－	－	＋	－	－	－	－	－	－	－
叶利钦	＝	＝	－	－	－	－	－	－	－	－
梅德韦杰夫	＝	＝	＋	＋	＝	＋	＝	＝	＋	＝
普京	＋	＋	＋	＋	＋	＋	＋	＋	＋	＋

资料来源：观察者网。

4. 世界范围内的左翼和马克思主义思潮开始有所复兴

连梵蒂冈的教皇都说资本主义这样下去要完蛋了，连希拉里都打着左翼的旗号说，不能光为权贵阶层服务。特朗普是共和党的"大嘴巴"，他公开讲所有政客都是资本家的狗。现在很多人在说美国的政治制度多好、选举制度多好，连特朗普都讲希拉里收了我的钱所以跟我干事，你们在场上和我辩论的有几个没收过我的钱？今天的政治就是美国政治背后的最根本的东西，所以我们千万不要以为美国所谓的政治民主好，跟着他们学选举。2016年3月9日，法国数十万人举行总罢工，抗议劳动法改革延长工作时间、解雇自由加大，全国各地发生了140多场罢工、抗议、示威、游行活动。法国共产党是主张议会制，但这一次也参与主导组织了罢工。

（二）国际方面的挑战和值得关注和研究的七个问题

现在，世界主要大国、各大战略集团都在研究2030年乃至2050年中长期世界发展大势和战略态势，其战略性、综合性、全局性更加突出。一些研究机构认为，今后10~20年，最可能出现的"黑天鹅事件"是网络战争、粮食危机、生物战争、瘟疫流行甚至核战争。

目前有七个大的国际问题值得高度关注。这七个问题，都与美国有关。

1. 以美国为首的西方国家金融危机仍未见底，且在深化

美国国债已突破18.005万亿美元上限，总债务为127.5万亿美元，为GDP的近8倍。美元可能加息，这给我国带来什么影响，值

得高度关注。

2. 美国"重返亚太"或"亚太再平衡"

这直接是冲着中国来的，毫无疑问，美国现在把中国当成最大的对手，还不是潜在的。

3. 日本"3·11"大地震与其后正在演进的核事故及其战略动向

福岛核事故，泄露至大气的放射性物质容量相当于 160 枚广岛原子弹。铯–137 半衰期为 30 年，1/10 国土有核污染。1923 年关东大地震带来了 1936 年的"九一八"事变、1937 年的"七七"事变。2011 年这场非常大的核辐射事件影响深远，日本的战略动向值得我们高度关注。

4. 俄罗斯战略动向

我认为美国有四个战略对手和战略伙伴，在欧洲，一个是欧盟，一个是俄罗斯，它通过乌克兰和土耳其把这两个战略对手看管起来，美国得以腾出手来重返亚太；在亚洲，战略伙伴一个是日本，一个是中国，同时又是战略对手，它通过东海甚至南海把这两个国家看管起来，同时集中力量对付中国。但是我们劝美国别走太过了，逼俄罗斯逼得太急，逼中国逼得太急，这样就会把中国和俄罗斯逼在一起，美国也就麻烦了。

5. 朝鲜半岛

我们主张朝鲜半岛无核化，但朝鲜决意要搞核武器，如果朝鲜政权垮掉，美军重新驻扎在鸭绿江边上，那将是我们最不愿意看到的。

6. 西亚、北非局势

我们的经济发展方式主要是靠大进大出，贸易量占世界生产总值的将近一半，现在在下降。我们的很多东西都在进口，石油进口超出 60%，农副产品进口超过 9 亿亩产量，是 18 亿亩耕地的一半。正是我们这种经济发展方式使得美国人急了，干脆他们也搞页岩气革命，降低对石油的依赖。下一步，中东就乱了。他们让中国拿不到资源，伊拉克、叙利亚这些国家的战乱同样使我们受到损失。我们准备实施"一带一路"倡议，美国就在"一带一路"沿线国家制造麻烦。

7. 我国周边战略环境

在中国周边的一系列军事演习，如美日军事演习、美菲军事演习、美韩军事演习等，无论就规模还是频繁程度来讲，都达到了冷战后的最高水平。比如：专门用于测量战略武器的美国测量船公然进入中国南海并拒绝离开；美国最先进的 F22、F35 战机和核潜艇，进驻中国周边的十大军事基地，声称能在 15 分钟内打击中国任何一个目标；日本公开占领和封锁钓鱼岛，美国宣布把钓鱼岛纳入美日安保条约；美国和欧盟分别通过涉藏决议，公开进行分裂中国的政治活动。在蒙古国，美国和他们军事演习；在吉尔吉斯斯坦玛纳斯机场，美军战机 12 分钟可飞到中国新疆境内。美国驻菲律宾使馆人员有 1000 多人，我国只有 54 个人，为什么？因为菲律宾北望中国台湾、钓鱼岛，西眺南海。

特别是西南有一个马六甲海峡。刚才讲我们有进口的战略物资，出口的 70% 几乎都要经过马六甲海峡，周边一带一旦发生战事，美国搞一个借口来这里，我们的进出口就受到限制。中央早已决定开辟第二条战略通道，即从印度洋通过缅甸到腾冲修了高速公路，输油输气管道现在都修好了。

我们从最坏处着想，从最好处入手。在座的无论是哪个党派，甚至富人穷人，既要考虑眼前，同时也要考虑党、国家、民族根本利益，等到根本利益没了，我们的个人利益也不存在了，无论穷人富人。为什么抗日战争需要全民抗战？因为当时民族矛盾变成了主要矛盾，这是非常可悲的但可能也是最有希望的时候。

（三）国内七个方面的大好机遇

七个方面的机遇，因为时间关系就不详谈了，简单提一下。一是以习近平同志为总书记的党中央的正确坚强领导；二是形成中国特色社会主义道路；三是30多年GDP高速增长，30多年来最大的创新应算是高铁，高铁经过曲折发展，可能会走向世界；四是十八届三中、四中、五中全会后，全面深化改革、全面依法治国和全面建设小康社会正在顺利推进；五是初步形成"四个全面"战略布局并开始全面协调推进；六是国内外正反两方面经验教训，使广大干部群众思想政治水平不断提高；七是我国外交正在打开新局面，"一带一路"倡议开始实施。

当今中国，改革开放和现代化建设事业取得巨大成就，对此必须充分肯定，绝不允许否定。但也必须看到出现不少前所未有的新情况、新问题。

我们党和国家站在新的历史起点上，以习近平同志为总书记的党中央开辟了改革开放的新时期，机遇前所未有，挑战世所罕见。未来三五年到十年真的是决定我们党和国家的前途和命运、实现伟大复兴的关键时期，只有从这一广阔的国际国内背景看，我们才更能认清习近平同志关于进一步加强意识形态工作的重大现实意义。

四 高度重视意识形态工作，为坚持和 发展中国特色社会主义而奋斗

抓住机遇、应对挑战要反对两种倾向。一是绝不能把问题看得过于严重，对前途丧失信心，甚至否定改革开放的巨大成就和正确方向。二是一定要居安思危，绝不能看不到存在的问题，盲目乐观，拒绝与时俱进。

1. 人怎样活着才有意义

我们首先要思考人怎样活着才有意义。我最近刚刚出了一本书《人为什么而活着》。我来讲讲这本书的观点。本质上，人应该有什么信仰。世界上有三大宗教，基督教徒信仰上帝，认为人只要生下来就有罪，一辈子要祈祷做好事赎罪，这样上帝才能把你从苦海里救出来，基督教讲今生；伊斯兰教徒信仰真主，认为今生信仰真主，后世就上天堂，它讲来世；而大乘佛教和小乘佛教都讲修身。我们经常讲"修身齐家治国平天下"，修身就是修炼。小乘佛教认为修自身就可以了，而大乘佛教认为光看自己还不行，要普度众生，这和共产党为人民服务的宗旨一致。为什么其他国家一定会有宗教呢？它是为了经济制度和政治制度。有了这个意识形态，你就会忽略这个现实制度，光管自己，自身以外的事情管也管不了，也没有必要管。什么是幸福？关键是自己的认识，再多的苦难，你认为自己幸福就是幸福，上帝在看着你，这就是认识世界，你不要改造世界。而马克思说，哲学家们只是用不同的方式解释世界，而问题在于改变世界，这是马克思主义和宗

教的不同。从一定意义上讲，共产党人全心全意为人民服务的宗旨与基督教、伊斯兰教、佛教相同。不论是哪一种宗教它们总是放弃对现实的追求，求助于内心，以消除现实的苦难。

　　我在网上看到一篇文章——《一篇彻底改变美国同事对毛泽东看法的文章（纪念白求恩）》，这是一位赴美创业的华人与其美国同事的对话。我认为非常有说服力，无论是形式逻辑还是辩论逻辑、历史逻辑，都非常有说服力。他的美国同事是虔诚的基督教徒，对共产党非常反感，对毛主席也非常反感。这位华人就对美国人说，来美国前我认为美国是一个自由世界，但是我到了美国之后才发现美国是宗教信仰至上的国家，大多数美国人都坚信这片土地是被上帝挑选的，美国人民是被上帝挑选的宠儿，为此美国人民骄傲地热爱这片热土。他说，尤其我看到那些徒步行走的传教士们，穿着朴素，吃最简单的食物，他们眼睛里是真诚、朴素、坚定，他们使我想起了中国老电影里的共产党人，比如说《长征》这个电视剧，参加长征的就是这样的人，受了那么大的苦，冒着生命危险，那么虔诚地往前走，爬雪山过草地。中国原来也有这么一群人，忘我无私，为了信仰可以承受一切苦难，可以献出生命。不同的是，美国的传教士们是在上帝的指引下，而中国共产党党员是在共产主义信仰下。经过近两个月的艰难对话，美国同事说"我有一点感动，如果这一切是真的"。后来这位华人觉得时机成熟了，就把英文版的《纪念白求恩》送给了美国人，美国人当天晚上回家读完，第二天告诉这位华人说"很震惊，如果告诉我这是毛泽东写的，如果把里面所有共产主义和意识形态的字眼去掉，如果有人在我面前朗读，我会以为我是在聆听上帝宣讲，毛泽东说的这些和我在教堂里听到的几乎完全一样。我真的非常感谢你让我看到了不一样的毛泽东，我想我开始尊敬他了，我更感谢的是我突然心变得很开阔了，我觉得整个世界的门在向我打开，共产主义和毛主席已经不是我心里的障碍，我更了解中国了，我非常高兴我可以拥抱这些"。他觉得毛主席比基督更伟大，基督还没有打开他的门，毛主席给他打开了。

最近在美国总统竞选的过程中，一些年轻人拿着《毛主席语录》反对特朗普。还有一个人是这样评价毛主席的，毛主席是唯一一个能够把沙子搓成绳子的人。谁能把沙子搓成绳子？旧中国就是一盘散沙，我们华侨的苦难史大家不一定都知道，毛主席团结大家、带领大家，做成这样的大事。

按照马克思主义的时空观，在这样的时空里面诞生地球、诞生人类是必然的，但是我们每个人来到这个世界上却是非常偶然的。每个人来到这个世界上生活百年已经是非常幸福的事了，不要怨天尤人，遇到不高兴的事情天塌不下来，要充分珍惜百年的时间，珍惜生命，你能来到人间多幸福，一定不要皱着眉头过日子，没有过不去的坎儿，关键是怎么认识。光认识还不够，人活着是一种形式，要想怎么活着才有意义，这才是内容。所以，我们活得要有尊严有价值，要给人类留下点什么。

2. 要有正确的理想信念

习近平同志特别强调理想信念。实际上，截至现在，我们十八大后处理的省部级干部有 120 多位；改革开放以后有 700 名左右的省部级干部受到处分。我认识的几个人住在秦城监狱，听说最后都是痛哭流涕。有两个原因，一个是放松了学习，一个是丧失了信仰，这是由衷之言。我希望在座各位一定要树立一个正确的世界观，在这上面不要犯什么错误，真正到事后就会后悔莫及，对自己和家庭都是如此。

3. 认真学习马克思主义

我们的高中生还比较单纯，一些研究生特别是博士一毕业却变成了美国人的思维。恰如林语堂所说："中国就有这么一群奇怪的人，本身是最底阶层，利益每天都在被损害，却具有统治阶级的意识，在动物世界里找这么弱智的东西都几乎不可能。"是马克思讲错了吗？他直接或间接讲的往往都是几百上千上万年的事，我们不能仅凭眼前个人的利益用二三十年的时间来衡量他的对错和功过。不是他讲错了，是我们的心胸和眼界太狭小了，我们的实用主义太多了，理想主义太少了。至少两个应该结合，眼前和长远、局部和全体结合。我有一个体会，对比着读可能是学习的捷径，希望大家能找到"极左""极右"的对比方法，从两种极端的言论里面，对比得多，很快你就知道了，否则不行，还是没找到读书学习的方法。

4. 一定要深入实际、深入群众，增强与人民群众的血肉联系

1945 年第二次世界大战即将结束之际，时任美国情报部门高级官员的艾伦·杜勒斯详细勾勒如何用和平办法促使苏联演变："战争将要结束，一切都会有办法弄妥，都会安排好。我们将倾其所有，拿出所有的黄金，全部的物质力量，把人们塑造成我们需要的样子，让他们听我们的。""只有少数人，极少数人，才能感觉到或者认识到究竟发生了什么。但是我们会把这些人置于孤立无援的境地，把他们变成众人耻笑的对象，我们会找到毁谤他们的方法，宣布他们是社会渣滓。"

1956 年苏共二十大和"波匈事件"后，艾伦·杜勒斯的哥哥约翰·杜勒斯宣称资本主义世界要有这样一个"基本的信念"："如果它继续要有孩子的话，而他们又有孩子的话，他们的后代将获得自由。"

这就是通常所说的西方帝国主义把"和平演变"的希望寄托在共产党第三、四代人身上。

5. 进一步增强忧患意识,认真关注、深入思考重大问题

吴冠中说,"艺术只有两条路,小路一人行与大路百人行。一百个齐白石抵不了一个鲁迅",齐白石走的是人生小路,自己高兴,别人高兴;鲁迅那么多人骂他,他特行独立,走的是人生大路,鲁迅是中华民族的脊梁,世世代代继承他。

有五个重大问题要深入思考:一是经济,特别是金融;二是就业分配、社会安全,将来随着经济下行,各种群体性事件会增多;三是周边安全;四是基因安全;五是互联网、意识形态。从一定意义上讲,第五个安全最重要,思路搞对了,前四个安全都好应对。

6. 认真改造世界观

牢固树立正确的世界观,绝不仅仅是个人和家庭的私事,共产党人特别是高级干部的世界观涉及党和国家变不变质、老百姓受不受苦这种天大的事。党的高级干部队伍中若多几个亿万富翁,我们的党、国家和民族就必然少几个马克思主义的政治家特别是思想家,极而言之,还可能加快我们党轰然倒塌的步伐。

姑且认为人本身是自私的,我们在座每个人都希望有一个幸福的晚年,我们自己的子孙后代生活在一个长治久安的中国。从自私的角度出发,我们不能做苏联,如果走了苏联的路,我们的下场比苏联更惨。如果到了那一天,我们自己的子孙后代会指着我们这些人的脊梁骨说,爷爷奶奶你们当初干了什么?给我们留下这样一个中国。所以说我们要树立正确的世界观,要考虑自己,同时要考虑党和国家。

『华大讲堂』第58讲

主讲人：许智宏

时　间：2016年4月12日15:00

地　点：陈嘉庚纪念堂科学厅

中国农业发展面临的挑战和科技应对

人物简介

　　许智宏　1942 年出生于江苏省无锡市。1965 年毕业于北京大学生物系植物学专业；随后考上中国科学院上海植物生理研究所研究生，毕业后留在该所长期工作。1979～1981 年，先后在英国约翰依奈斯研究所和诺丁汉大学植物学系从事研究工作；自 1983 年起，历任上海植物生理研究所副所长、所长兼植物分子遗传国家重点实验室主任；1992 年 10 月至 2003 年 2 月任中科院副院长；1999 年 11 月至 2008 年 11 月任北京大学校长。1995 年当选为第三世界科学院院士，1997 年 10 月当选为中国科学院院士。

　　许智宏教授现为北京大学生命科学学院教授、中国科学院上海植物生理生态研究所研究员，联合国教科文组织人与生物圈中国国家委员会主席，中国科学院学部主席团成员，国家教育咨询委员会委员。曾任国际植物组织培养和生物技术协会主席，中国植物生理与分子生物学会理事长，中国细胞生物学会理事长，中国植物学会副理事长，中国生物工程学会副理事长。

　　许智宏教授长期从事植物发育生物学、植物细胞培养及其遗传操作的研究，在相关领域发表或出版论文、综述、专著共 240 多篇（册）。

　　许智宏教授曾获中国科学院自然科学一等奖、国家自然科学三等奖等奖项，并先后获英国 De Montfort 大学、诺丁汉大学、爱丁堡大学和东英吉利亚大学，香港城市大学和香港大学，日本早稻田大学，加拿大麦吉尔大学和蒙特利尔大学，澳大利亚墨尔本大学，澳门科技大学等大学的荣誉博士学位。

尊敬的各位领导、各位老师、各位同学：

　　第一次到华大校园来，感到很漂亮，很有气魄，像个大学的样子。我很早就知道华侨大学，这次有幸来到泉州，参加中科院本届学部道德建设委员会的最后一次会议。泉州市政府、科协以及几所高校，请我们到各个地方去看看，今天我们分散活动，所以，我就到华大来了。我的专业是植物科学，和农业还是有关系的，我也比较关心农业。我相信在座的可能大多都不是搞农业的，但我们每一个人都和农业有关系，都要吃穿住行。我希望大家能够了解一下我国的农业情况、农业的问题以及如何应对，所以我就选了这样一个题目："中国农业发展面临的挑战和科技应对"。

一　全球的粮食生产态势

　　第一部分，还是要讲一下全球的粮食生产态势，因为中国改革开放 30 多年到现在，我国社会经济发展已不能脱离国际大环境来思考。从 1970 年到现在，全球粮油的单产和总产量都在不断增加，但是播种面积增加不是很显著，这是全世界总的状况（见图 1）。与我们吃的东西直接有关的，根据世界粮农组织的资料，总产量排在前面的主要农产品包括玉米、水稻、小麦，这是我们吃的主食，也叫主粮，不过其中玉米现在很大一部分是作为饲料粮；还有糖料植物甘蔗和甜菜、薯类中的马铃薯和木薯、蔬菜类，再有就是鲜奶（见图 2）。其实，提供给全球人类食用的谷物中，除了玉米、水稻、小麦外，麦类中还有大麦、黑麦、燕麦，还有高粱和粟类（谷子等）。全球谷物的总产量约在 24 亿吨，占粮食的 3/4。除了谷物，另外 1/4 即由薯类提供，最主要的就是马铃薯、红薯、木薯，英文称为 roots and

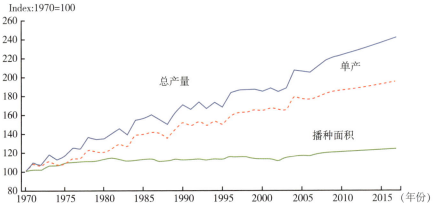

图 1   1970 ～ 2015 年全球粮油作物播种面积、单产和总产量

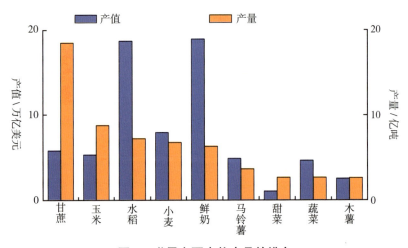

图 2   世界主要农牧产品的排名

tubers，因为在植物学上红薯和木薯属于块根，马铃薯是块茎。其实，薯类还包括山药、芋艿等多种地下的根、茎类作物。全世界薯类的总产量约 8 亿吨，其中不少作物对贫穷地区很重要。例如，木薯就是非洲、南美洲、东南亚很多发展中国家的主粮。

全球对油脂的需求总量一直在不断增加。植物油中首位是油棕生产的棕榈油，不过棕榈油中有相当一部分用于工业。根据 2009 年的资料，全球植物油消费量中棕榈油占 32%，大豆油 28%，菜籽油 15%，花生油 4%，葵花籽油 8%，棉籽油 4%。但棉籽油主要用作工业原料。此外，还有油橄榄、芝麻等油料作物，但生产量都不算大。生产植物油的大豆，不光是油料作物，也是重要的蛋白质来源，大豆蛋白占全球植物蛋白消费量的 67%（见图 3）。大豆在我国也是最重要的粮油作物，中国的食用油中大豆油占了 65%。全世界大豆的产量增加很快，特别是美国、巴西、阿根廷，无论是播种面积还是总产量都在增加。除了人的直接食用或者当饲料之外，粮油还有一个用处是用作生产生物能源。前几年石油价格增长很快，美国把约 27% 的玉

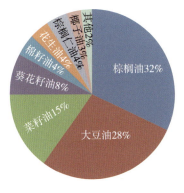 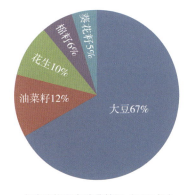

全球食用油消费情况（2009年）　　　全球植物蛋白消费情况（2009年）

图 3　全球食用油（左）、植物蛋白（右）消费情况（2009）

米用来生产酒精燃料，但这几年石油价格下来了，又不太景气了。欧洲用菜籽油生产生物柴油作为飞机燃料，2015 年达到 2900 万吨，占到菜籽油总需求的 17%。

品种是保障粮食安全的基础。根据世界粮农组织（FAO）的资料，在国际上，粮食总产量增长中 80% 依赖单产水平提高，而单产提高的 60% ~ 80% 源于良种推广。在我国，作物品种对粮食增产的贡献也达到了 40%。美国玉米的产量从 20 世纪 50 年代开始就一直在不断增长，但是它的氮肥施用量从 70 年代后并没有增加，所以它的关键是品种改良使得玉米产量能够不断增长。美国的玉米种植面积和中国的面积差不多，但我们的玉米总产量大约只有美国的 2/3，其中良好的品种以及耕作制度、机械化手段对农业的影响非常大。20 世纪 80 年代以后美国的玉米产量大幅度增长，与使用转基因玉米品种也有重大关系。虽然全世界不少国家对转基因食品有不同的声音，有一些国家对转基因作物的种植也很谨慎，但全世界转基因作物种植面积一直在以非常快的速度增加，近代没有任何一个农业技术像转基因促进农作物那样迅速发展。从最早 1996 年美国第一个品种推广到最近，全球推广的总面积增加了一百多倍。现在全世界主要的转基因农作物有大豆、棉花、玉米、油菜（籽）。2015 年美国转基因作物种植中，甜菜的转基因品种占有率已达 99%，大豆占 94%，棉花占 94%，玉米占 92%。美国绝大部分大豆是转基因的，南美洲巴西、阿根廷也是如此，几个主要产棉国（美国、印度、中国）的棉花也是如此。我国批准种植生产的主要就是棉花，还有少量番木瓜（见图 4）。

全球的农业发展方式正在发生很大变化。虽然近年国际经济状况低迷，但不少国家的农业非但没有削弱，反而有所增强。就拿美国来

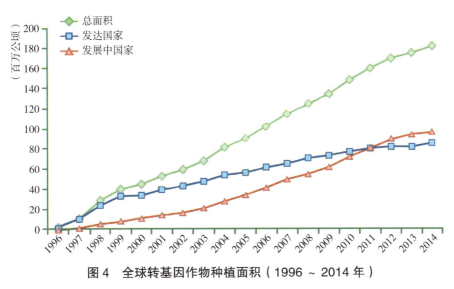

图 4　全球转基因作物种植面积（1996～2014 年）

　　2014 年，28 个国家的 1800 万农民种植了 1.815 亿公顷（4.48 亿英亩）的转基因作物，比 2013 年持续增长了 3%～4%，即 630 万公顷（1600 万英亩）。

　　资料来源：Clive James，2014 年。

讲，虽然美国是发达的工业国家，但也是全球农产品的主要生产国。美国 2011 年经济增长预计不到 2%，而农产品纯收入增加了近 20%。全球转基因核心技术与产品基本上被五个大的跨国公司所垄断，如孟山都公司近年通过科技创新、技术集成、企业并购、资本渗透等手段大力发展商业化作物育种体系，一跃占据了全球农业生物技术产业的龙头，2015 年研发投入达 15 亿美元。大公司之间的并购也不断发生。2015 年 12 月，美国杜邦公司和陶氏化学已宣布换股合并，金额达 1000 亿美元；中国化工以 430 亿美元收购瑞士先正达（Sygenda）公司已获批准（2016 年 9 月又有德国拜耳以 660 亿美元并购孟山都）。

　　国际上，农业生物技术正在成为新兴国家的经济增长点。以巴西为例，从 21 世纪初开始，巴西抓住生物技术发展和农业农产品价格上涨的机会，大力推进转基因作物产业化。巴西政府2003年才开始推动转基因农作物的发展，比我国晚了好几年，但是2011年他们的种植面积已经达到3030万公顷，占全球转基因农作物的19%，位居全世界第二（原来中国是世界第二，现在第六了）。2011年种植面积扩大20%，增速跃居世界第一。巴西农业出口占出口总额的35%，大豆及相关加工产品出口已占出口总量的27%，总额达到了165亿美元，我国进口的转基因大豆30%以上来自巴西。

FAO预测，2050年全球粮食需求将会翻番，作物产量需保持年增产2.4%以上。而目前，水稻、玉米、小麦和大豆年增产分别只有1.0%、1.6%、0.9%和1.3%，解决全球粮食的刚性需求任重而道远。

二　中国的农业生产

民以食为天。中国的农田面积仅占全球的9%，淡水资源占6%，它们要为13.8亿人口提供足够的食品。粮食作物、园艺作物与经济作物是我国的三大类主要农作物。园艺作物包括蔬菜、水果、中药材、花卉等。经济作物包括棉花、油料作物等。我们不能光有粮食吃，没有油料、水果、蔬菜不行，当然没有棉花也不行，所以这三类是我们农业的主要作物。我国主要农作物的生产保证了我国粮食和食品的安全，也为食品、纺织、医药提供了大量工业原料。根据2014年世界粮农组织的资料，在过去50多年中我国粮食总产量和单位面积产量都增长了五倍，粮食总产量已经连续增长13年，在2015年达到了6.2亿吨。这表明过去十几年中我国粮食的总产量一直在稳定增长，取得这个成绩很不容易。

　　另外，随着生活水平的提高，居民的食品结构已经发生了很大的变化，反映在农业生产上，高收益的蔬菜、水果、肉蛋奶、水产品的生产大幅增长。从图 5 可以看出，1995 年是我们国家的一个拐点，实际上 1995 年以后人均每天吃的口粮大米、小麦明显下降，另外可以看到我们吃的水果、肉类、禽蛋、牛奶、鱼类、食用油等等，也是从 1995 年以后明显大幅度增长，这标志着我们居民的生活水平普遍提高了，对农业生产提出了很大的需求上的改变。这种需求上的改变，已导致农业结构发生了很大的变化。

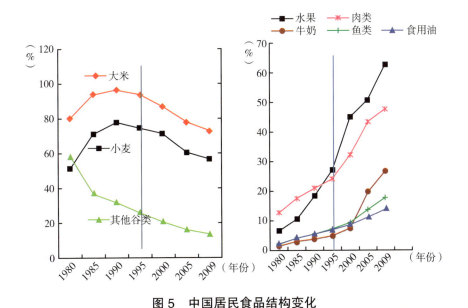

图 5　中国居民食品结构变化

　　在主粮作物水稻、小麦和玉米中，玉米的产量增加了，种植面积和总产量均已超过水稻跃居第一。玉米主要是作饲料，需求量很大，我国每年还得从国际市场上进口一部分。

2013 年我国生产了 8500 多万吨的肉类、2800 多万吨的禽蛋，还有 3500 多万吨的牛奶。我国的猪肉、羊肉、禽蛋的生产都居世界第一，家禽产品居第二，牛肉和奶都居世界第三，总产值达 28000 多亿元，我国人均肉类消费已从 2000 年的 47.61 千克增加到 2014 年的 64.76 千克。我们再来看水产品，2013 年我们的水产养殖面积增加到 832 万公顷，总产值将近 2 万亿元，水产品为我们中国的老百姓提供了大概 1/3 的动物蛋白，功劳不可小看。中国的动物蛋白 1/3 来自水产，其中 70% 多的水产品来自水产养殖，这包括福建、广东、浙江、山东等沿海省份的海水养殖和内地的淡水养殖。中国生产了全球约 2/3 的水产养殖产品，是全球唯一一个水产养殖产量大大超过了天然捕捞的国家。中国的水产养殖不光为中国提供了大量的水产品，还有相当大一部分出口，在全球都有很大的影响。

在农业设施方面，中国有世界上面积最大的温室和塑料大棚等设施。蔬菜、水果、花卉总产值达 19000 亿元。蔬菜、苹果、柑橘、鲜食葡萄、猕猴桃年总产量均为全球第一。我国食用菌的年产量和出口量也均达全球第一（1978 年我国产量不到 10 万吨，产值不足 1 亿元，到 2008 年年产 1828 万吨，增加了 180 多倍，产值达 865 亿元，占全球总产量的 70% 多）。我知道福建食用菌很有名，三明有个食用菌研究所。现在食用菌生产在很多地区已成为农村发展中很重要的产业领域，它为秸秆等找到了出路，培养后的基质又可作为很好的肥料还田。

随着收入增长，中国居民食物的消费也显著增长。过去相当长一个时期里，中国的食品进出口基本平衡，但是近年来已经成为纯进口国。在这一进出口不平衡的变化中，进口最多的是大豆、油菜籽、成品油，这占了很大一部分。我知道福建很多地方在发展食品加工产业，实际上，我们出口食品很大的问题在于大多是初级产品或原料，高端产品很少。

大豆对中国一直很重要，但现在大豆的生产存在问题。大家都问为什么我们要进口转基因大豆，我们进口的大豆基本上是转基因大豆。根据 2011 年 FAO 的资料，全世界大豆平均亩产是 165 公斤，巴西亩产是 208 公斤，美国亩产是 186 公斤，而我们中国大豆亩产是 126 公斤，远远低于巴西、美国这些大规模种大豆的国家。由于我们缺乏高产优质的大豆品种，加上农业成本的上涨，国产大豆缺乏竞争力。2012 年中国大豆的产量为 1280 万吨，较上年减少 150 万吨，而 2012 ~ 2013 年度进口量为 5987 万吨，2013 ~ 2014 年度进口量攀升到 7034 万吨，2014 ~ 2015 年度增至 7700 万吨，对外依存度达 80%，占全球进口总量的 64%，2015 ~ 2016 年度达 8200 万吨。我粗略算了一下，假如按美国的产量，这些大豆总共需要 4.4 亿亩耕地生产，而按我国现在的产量，这些大豆要用 6.5 亿亩耕地才能生产出来。我想各位老师同学可以算一算中国 18 亿亩耕田中哪有那么多的土地可用来专门种大豆，除非挤压其他作物。还有油菜籽，2013 ~ 2014 年度进口约 500 万吨，占全球进口量的 33%。2014 ~ 2015 年度还进口了高粱 1000 万吨，大麦 900 万吨，木薯片 450 万吨，棉花 240 万吨，还有油脂 760 万吨，玉米酒糟粕 550 万吨，白糖 400 万吨。

从大农业的角度再来看看林业。森林生态是陆地生态系统的主体，在保障国家生态安全等方面有不可替代的作用。但是我国森林资源总量不足、质量不高、分布不均、防护效应和固碳能力低、生态环境恶化和生态产品短缺的问题十分突出。全球都在关注我国的碳排放，我国 1981～2000 年化石燃料释放的碳量达 132 亿吨，生态系统碳吸收量为 37 亿～52 亿吨，相当于化石燃料碳总排放占比达到 28%～37%。所以，林业科学领域的战略目标是要通过林业技术进步，到 2020 年实现森林面积和木材蓄积量的"双增长"，生态环境得到显著改善，解决长期制约我国社会经济发展的木材供应短缺和生态环境恶化两大难题。

木材供应安全已成为影响我国国家安全的重要问题。"十二五"期间，中国商品木材的总需求量达到了 3.5 亿立方米，国内商品木材供应仅能维持在 2 亿立方米左右，商品木材供需缺口约为 1.5 亿立方米，木材进口的依存度达 43% 左右；"十三五"期间商品木材需求量预计要达到 6 亿立方米左右，木材进口的依存度上升到 67% 左右。随着我国国有林区商品林的进一步限伐（或禁伐），到 2030 年木材供应的缺口将进一步扩大，木材进口的依存度估计会达到 80% 左右。正是在这个背景下，中国大力发展人工林意义重大。中国的人工林已占全球人工林面积的 1/4，虽然一部分质量不高，不少地方只种不管，成活率很低，生长慢，但在改善生态环境和木材生产方面正在逐步显现效益。

在林业方面，还有几点我觉得值得关注。中国是全球竹子种类最丰富的国家，我们国家的竹林面积约 540 万公顷，占世界竹林总面积的 25%，遍及长江以南 15 个省份。竹林是亚热带地区固碳能力最强的植被之一，我们国家竹林仅占我国森林面积的 2.8%，但其碳汇总量占到全国森林植被总量的 11.6%，可见其固碳能力远远高于其他的木本森林，而且我们每年伐竹占中国年木材采伐量的 1/5 左右，所以竹子的贡献不可低估。

　　另外就是南方的桉树。现在媒体常有报道说桉树破坏生态，但是应该看到，桉树在中国的木材生产中起到了重要作用。在我们木材非常紧缺的情况下，目前我国桉树人工林种植面积大概稳定在6000多万亩，约占我国森林总面积（1.95亿公顷）的2%，年产木材超过2500万立方米，占全国木材总产量的1/4（2012年我国木材产量8088万立方米）。在种植面积最大的省份广西，桉树已经形成完整的产业链，从幼苗一直到生产纸浆、胶合板，总产值已经达到3000多亿元，成为该省份很重要的一个支撑产业。广西每年需要大量种苗，通过组织培养进行优良品种的快繁，结合苗床扦插扩繁，一年产能达十亿株种苗，数量十分惊人。其实，影响生态环境的问题不在桉树本身，而在于采用什么样的生产模式，包括减少大规模连片种植，保持适当规模的生态林，从而尽可能减少负面影响。

　　再说一下天然橡胶。（作为一种战略物资）原产自巴西的经济树种三叶橡胶，60多年来，我国种植面积和产量已从1950年的4.5万亩、产量不足200吨，增加到2014年的1700万亩、产量88万吨。但2014年我国消耗橡胶原材料890万吨，约占全球总消耗量的1/3，其中合成橡胶410万吨，天然橡胶480万吨，且每年增长在10%以上。2014年，我国消耗的480万吨天然橡胶中，进口422万吨，对外依存度已达88%。由于人工合成橡胶有很多方面代替不了天然橡胶的很多性能，一些国家已在开辟新的天然橡胶资源。例如，在1930～1950年，全球曾有过蒲公英橡胶研发热潮，1943年苏联蒲公英橡胶的产量曾达3000吨。新中国成立初期，我国在引种扩种巴西橡胶的同时，也曾开展过这方面的研究。随着全球天然橡胶需求的增加，开辟新的天然橡胶资源已成全球共识。欧美均已启动专门计划，建立研究联盟。2014 年德国大陆轮胎公司已申请 "Taraxagum tire" 商标，并生产出蒲公英橡胶冬用轮胎。我国具备大规模发展的资源条件。新疆是蒲公英橡胶草的原产地。年初中国石油和化学联合会已批准成立 "蒲公英橡胶产业创新战略联盟"。

林业生产跟农作物一样，要改良品种。大家知道树木的育种比农作物困难，树木的周期都是几十年，育种的难度非常大。要加强林木的分子设计育种、新种质的高效创制、综合性状优异的林木新品种培育和育林、基因型与环境因子（包括生物逆境和非生物逆境胁迫）互作、发展人工林等重大基础和关键技术方面的研究，以大幅度提高木材品质和单位面积产量，保障国家木材供应安全。

另外一个我要讲的是草原和草地。我国是世界草地资源大国，有60 亿亩草原和草地，面积居世界第三，比农业土地多得多，天然草原占据我国国土面积的 41.7%。问题是，约有 90% 的天然草原处于不同程度的退化状态，草原植被矮疏，地表裸露，水分养分散失，生态功能和生产力受到严重破坏。

在欧美国家，草地农业成为传统农业的主体，牧草种植面积占耕地面积的 60% 以上，草畜业产值占农业总产值的 60%～70%，与之相关的草业科学研究进展为草业发展提供了重要支撑。我国草种年需量在 15 万吨左右，其中自产约 11 万吨，其余近 1/4 需进口，其中草坪草种子的进口量几乎达 90%。我国草食畜牧业缺乏优质牧草，以紫花苜蓿为例，2014 年美国的总产值超过 200 亿美元，而我国的产值不到其 1/3，而且我国进口了美国 1/4 的紫花苜蓿，成为美国苜蓿的第二大进口国。

现在我们虽然有 60 亿亩草地，但是这 60 亿亩草地供应城市居民的肉类和奶制品大概只有30%，城市畜产品、奶制品还有禽蛋类主要还是靠大城市周边的一些大型的畜牧场、养殖场来提供。这是一个很大的问题，说明这么大面积的草地没有真正发挥作用。因此，发展草业和科学合理地利用草原，加强对优质牧草品种的选育，加速发展草牧农业，是发展畜牧业和奶业、改善民众膳食结构、缓解粮食和食品供应安全压力、增加牧区农民收入的重要基础，也为水源涵养、防风固沙、保持水土等生态安全构建重要屏障。

三　中国农业发展面临的挑战

接下来讲我国农业面临的挑战。1995年美国布朗教授写了一本书 *Who Will Feed China*，中文版书名为《谁来养活中国》。这本书在国内外都引起非常大的反响。考虑到中国人口数量巨大且还在增加，需求也在不断增加，食品结构也在变化，对禽畜产品的需求在快速增加，中国可耕地有限，淡水资源也不足，以及农业本身的不确定性，食品价格的波动等因素，当时国外一些人担心中国能不能养活自己。

过去有很多关于中国农业未来走向的讨论，中国学者对此也有很多讨论。从社会经济角度来讲，我觉得至少一点是达成共识的：中国，无论是各届政府的领导人，还是学术界，都把发展农业作为中国社会经济发展的一个永恒主题。谁养活得了我们近14亿人口？我们有数据，主要还是要靠自己。当初国外有人预测，2010年中国粮食要出问题，很庆幸预测的问题没有发生，我们解决了我们自己的问题。我国粮食已连续13年增产，但是也应看到我国的农业还有很多

问题，接下来我就讲讲我们的问题和面临的挑战。

我们毕竟是一个近14亿人口的大国，估计人口还会增加一些，但是不会增加太多了。随着生活水平提高，对食品的需求急剧增长，我们已经由原来的食品出口国变成进口国，粮食自给率实际上早已超过了经济学家认定的95%黄色警戒线。油料、棉花生产的现状更不乐观。

全球粮食贸易量每年约4800亿斤，不到我国粮食总产量的一半。稻谷在我国口粮消费中占60%，3700亿～3750亿斤/年，而国际大米贸易总量也只有500亿～600亿斤/年，仅约占我国大米消费量的15%。所以应该看到，通过国际市场调剂的空间有限。结论必然是：可以适当进口，但不能完全依赖进口。正如习近平总书记讲的，中国人饭碗里的口粮必须牢牢掌握在我们自己手里。

随着食品结构的不断变化，对动物性食物的需求持续增长，对饲料的需求也增长很快，现在饲料用粮已占粮食总需求的45%。加上大规模畜牧饲养场所造成的环境污染，已严重影响畜牧产业的可持续发展。

同时，随着城镇化的迅速发展，优质的可耕地进一步减少，农村的年轻农民大批转移到城镇地区，使农村的土地和劳动力成本不断提高（见图6）。相对于粮食作物而言，蔬菜、果蔬的土地和劳动力成本增长更快（见图7）。2015年夏季我曾到宁夏考察，大家都知道宁夏枸杞在中国最有名，但是光采枸杞雇用一个劳动力一天就要200元，一个月就要6000元！当然，因为枸杞果实属浆果类，体积又小，一颗一颗采收也很辛苦。昨天参观泉州的阳光集团，它利用组织培养花卉苗木，公司的老总反映泉州农业劳动力成本也增加得很快。这对我国农业发展是很大的挑战。

图 6 粮食作物平均收购价格变化及其成本构成（1999～2010）

资料来源：黄季焜、杨军、仇焕广：《新时期国家粮食安全战略和政策的思考》，《农业经济问题》2012 年第 3 期。

图 7 果蔬收购价格变化及其成本构成（1999～2010）

资料来源：黄季焜、杨军、仇焕广：《新时期国家粮食安全战略和政策的思考》，《农业经济问题》2012 年第 3 期。

为提高农作物产量而过多依赖使用化肥农药，中国耕地消耗了全世界差不多 1/3 的化肥与农药。从 1950 年到 2010 年的 60 年中，我国化肥用量增加了 100 倍，但是粮食生产实际只增长了 4 倍多（见图 8）。化肥的利用率也很低，从土壤流入江河湖泊，造成水体的富

营养化，氮、磷大量排入是造成污染的重要因素。长江中下游大概没
有一处水域是完全免于污染的，甚至包括内陆的湖泊，如云南的滇
池。近海水域富营养化，如青岛的海边每年夏天浒苔大量繁殖生长，
腐烂后发臭，污染水体，每年要投入大量人工去捕捞（目前中国海洋
大学已研究出开发利用浒苔的技术）。

图 8　1952～2013 年我国农作物产量与化肥施用量情况

　　现在大家都很关心我们国家的环境污染，其实我国农业环境污染
对大环境污染的"贡献"已经达到约 50%。过去大家一讲污染，总以
为是工业、城市发展引起的，实际上农业也占了很大部分。过度使用
化肥农药，严重污染水体和土壤环境，也提高了农业生产的成本。单
纯依靠传统农业技术，包括生产方式，无法突破发展的资源优势和技
术瓶颈。

　　在我国，仅主要农作物害虫就达 800 多种，其中重大害虫近 20
种。据农业部统计，近 20 年间，我国农作物虫害发生面积增加了

50%以上。我国农作物有害生物（病、虫、草）时常暴发成灾，化学农药成为防控病虫草害的应急武器和最后防线。由于过度依赖化学农药，许多病虫草害对常用农药均出现了严重的抗药性，导致有害生物防控失效。农药用量成倍增加，环境污染加剧，病原体产生的毒素污染严重，农产品中农药残留量超标，甚至有毒。这些问题也直接威胁着我国的粮食安全、生态安全和食品安全。

农业生产和农产品中的食品安全问题还包括：土壤重金属、有害化学物质的污染。我国约有1/5的耕地受到不同程度的重金属污染，每年造成污染的粮食达1200万吨以上，感染病毒作物种子受到对人有害的微生物毒素的污染。例如，由禾谷镰孢菌感染小麦引起的小麦赤霉病，染病植株种子中由致病真菌产生的代谢产物脱氧雪腐镰刀菌烯醇（即DON毒素，俗称"呕吐毒素"），我国规定病麦率超过4%或毒素含量达到1mg/Kg，即禁食用。又如，由黄曲霉和寄生曲霉引起玉米、花生致病后在种子中产生的代谢产物黄曲霉毒素（一类二氢呋喃香豆素的衍生物），1993年即被WHO划定为Ⅰ类致癌物，这是目前大家公认的一种最危险的致癌物。植物本身含有的有害成分和抗营养因子，如棉籽中的棉酚、很多植物的致过敏物质、氰化物等都对人有害。由于滥用农用抗生素，农用抗生素对环境抗生素污染的贡献率已达50%以上。

还有一个问题就是全球变暖。这个很多科学家和经济学家预测过，全球变暖将造成全球粮食大幅度减产，虽然具体减少量在不同的数学模型中并不一致，但总的趋势还是很明确（见图9）。华中农大的彭少兵老师2015年发表的实验室工作报告也表明，水稻在生长季晚上的温度每升高1度，水稻产量就要减少10%。所以这也应引起农学家、育种学家注意，不仅要培育耐受低温的作物，另外还要有能忍受高温的作物。

总之，我国农业生产继续面临着持续增长的人口压力、优质耕地面积不断下降、耕地质量总体退化、粮食单产和品质等问题的严峻挑战。加上农业成本的上升、农业熟练劳动力的短缺、受国际粮油生产和市场波动的影响，以及随着全球气候变化极端气候事件频发导致农业生产的不确定性等，未来 10～15 年，中国的粮食与生态环境安全形势将更趋严峻。同时，我们还面临着提高草原草地生产力、加速发展草牧农业，促进森林、草原草地和湿地可持续发展的艰巨任务。

最后，我觉得非常重要的是现代农业、企业和市场的培育。我们的改革从"三农"开始，每年的"中央1号"文件也都是有关"三农"的，可见国家对"三农"问题的重视。但是实际上，（至少我自己感觉）我们现在最落后的还是"三农"。对于现代农业经济体系的建立，无论是劳动生产率、产业结构，还是农产品的价格形成，市场的培育，农业还是最薄弱的。所以，十八届五中全会就已经提出：大力推进农业现代化，加快转变农业发展方式，走产出高效、产品安全、资源节约、环境友好的农业现代化道路。这段话我就不展开讲了，原义表达得已经够清楚了，当然要做到的确不那么容易。

四　作物的演化和育种技术的发展

从原始人类社会到农耕文明的发展，一直伴随着人类对野生植物的利用、驯化和选育，使野生植物逐步变得便于人类种植、收获和食用。我们今天的食用作物绝大多数是千百年前从域外引种驯化而来的。500 多年来，植物发现和引种驯化以及栽培植物全球化的结果，推动了农业、园艺、商贸及经济社会发展。从历史发展进程看，植物的引种驯化是人口增长和经济发展的重要驱动力，无论在古代欧洲还是古代中国都是如此。

我们现在种植的大多数农作物都是人类长期经过驯化、人工选育或通过不同的育种技术，对突变基因或基因转移或基因组发生变化选择的结果。比如，野生玉米产于墨西哥，它的穗子短小，籽粒也小，食用性也不好，经过驯化选育，特别是近代杂交玉米的推广，玉米已成为谷物中产量最高的作物。从野生的樱桃番茄，到醋栗番茄，再到现在我们食用的大果型番茄，果实增大了上百倍。对番茄基因组的分析已发现，从野生的樱桃番茄驯化成为醋栗番茄，涉及 5 个基因，而由醋栗番茄进一步培育成大果型番茄，主要参与这一变化过程的基因现已知的有 13 个。野生马铃薯原来也是产自南美洲，块茎长得很不规则，也不便于食用，但通过驯化和改良，今天我们种植的马铃薯的大小也增大了几十倍，形状更加规则，便于食用。又如，野生黄瓜结的瓜很小，球状，很苦，叶子苦，瓜也苦，中国西双版纳有，印度也有。现在我们种的黄瓜，产量很高，瓜也不苦了，但叶子还是苦的，有助于抗病虫害。农科院蔬菜和花卉研究所黄三文研究员和他的团队通过黄瓜基因组序列的比较，已阐明黄瓜果实和叶片中苦味物质的形成其实是被不同的基因所调控的结果。由上可见，人类不断对大自然的野生植物进行驯化、选育，一直到近代利用不同的育种手段育成大量在农业生产上应用的作物品种。

利用细胞质雄育不育系进行杂交育种，利用杂种一代的杂种优势，最早是美国在玉米上取得成功的，由此大幅度增加了玉米的产量。我国以袁隆平先生为首的一大批水稻育种专家研究成功的杂交稻，得益于 1970 年在海南的普通野生稻中发现的花粉败育株，称为野败型细胞质雄性不育（CMS-WA）。随后通过杂交转育将不育基因转移到籼稻中，在 1972 年育成了野败型籼稻不育系，随后又选配出恢复系，实现了杂交稻的三系配套。从 1976 年起我国开始推广杂交水稻，增产效果达 20% 以上。可以说野败型不育细胞质的发现及其在杂交稻中的开发利用是我国现代农业发展史上一个重要的里程碑。现在利用光温敏不育系进行杂交水稻的制种，变三系杂交稻为两系杂交稻也已取得很大的成功。

中科院李振声院士利用小麦的野生近缘种长穗偃麦草与小麦杂交，选出的后代再不断与小麦进行回交，反复选育、回交、再选育，通过 20 多年的艰辛工作，才逐步培育出一批优良的"小偃"系列小麦品种，耐干旱、耐贫瘠，适用于不同的加工用途。而通过荧光标记，可以观察到有长穗偃麦草的染色体片段已稳定地插入小麦的染色体上了。从上面杂交稻和小偃麦的例子，可以看到人类利用大自然的野生植物基因培育作物新品种的潜力。

中国是全球生物多样性最丰富的国家之一，有约 100 万种陆生植物和动物，约占全球总量的 10%。中国约有 3 万种高等植物，约占世界总量的 1/8（美国和加拿大有 1.8 万种，欧洲有 1.2 万种）。其中常用的药用植物有 6000 多种。通过几代中国植物学家的努力，出版了世界最大的植物志（1965 ~ 2005），共 80 卷 126 册，共收入 301 科 3408 属 31142 种植物。随后经中外科学家的共同努力，又修订出版了英文版的中国植物志 *Flora of China*（1989 ~ 2013）。

中国也是全球作物进化和驯化的中心之一。在 640 多种栽培植物中，约 400 种起源于亚洲，其中 300 种起源于中国和印度。现代农业的发展使作物的多样性大大减少，中国科学家意识到保护种质资源的重要性，早在 20 世纪五六十年代就给政府提议，应该把我国在民间的所有农作物的品种、品系、野生的近缘种，收集保存起来，否则，很多重要的种质资源、很多优良的农家品种就会丢失。为此，中国农科院建立了全国的种子资源库，保存着世界上 33 万多种不同农作物的品种 / 品系和野生近缘种的种子，营养繁殖作物的无性繁殖体。中国科学家在 20 世纪末又建议国家设立了珍稀濒危野生动植物种质资源库，现在昆明植物所设立了中国西南野生物种种质资源库，至今已经实现约 30% 的野生植物种子可以有效地保存。一旦我们需要的话，就可以拿出来对它们进行研究，并利用它们作为原始亲本用于杂交，或利用它们的有用的基因。

原产我国的猕猴桃，是近代从一种野生植物通过驯化、育种而成为一种大家喜爱的水果的最好例子。猕猴桃属（Actinidia）植物世界上有 54 种，21 个变种，约 75 个分类单元，而绝大多数种分布在中国，共有 52 种（另有一种在日本，一种在尼泊尔），多数种的果实可食，可见我国资源丰富。自一百多年前猕猴桃引入新西兰后，经多年的驯化和选育、栽培尝试后，于 1950 年开始进行商业化生产，1959 年新西兰首先建立猕猴桃的商业品牌，英文名字也由 Chinese gooseberry 改成新西兰的 Kiwit fruit，其产量多年来一直居全球第一，后来被意大利赶超而屈居第二。目前中国商业化栽培仅一个种的两个变种，即中华猕猴桃（*A. chinensis var. chinensis*）和美味猕猴桃（*A. chinensis var. deliciosa*）。改革开放以后，猕猴桃在我国受到了应有的重视，在中科院武汉植物园建成了全球最大的猕猴桃种质资源库。近 30 多年来，我国科学家充分利用我国丰富的野生资源，从野生猕猴桃的天然杂交带野生居群中直接发掘优异基因型，或通过人工杂交，已筛选获得一批优良的新品种，除了传统的绿色果肉品种外，还有黄肉、红肉品种。例如，武汉植物园在 1981 年从江西野生群体中选择培育了新品种"金桃"，通过种间杂交培育了"金艳"。现在我国猕猴桃的栽培面积和总产量均已居世界第一，超过意大利、新西兰，并已大量出口国际市场，这些新品种在国外也赢得了很好的声誉。今天，猕猴桃已成为我国很多贫困地区脱贫致富的重要果树。这一例子充分说明了我国植物资源利用的潜力。

在人类漫长的农业发展过程中，作物品种的演化和培育，经历了野生植物的驯化和选育、传统的经验育种、基于遗传学原理的育种技术的应用（包括杂交育种、理化诱变育种等），直至现代生物工程育种，才源源不断地培育出新的作物品种，满足人们的不同需求，促进农业的发展。

五　我国农业科技及其所起的作用

邓小平同志非常有远见，1988 年他就指出："将来农业问题的出路，最终要由生物工程来解决，要靠尖端技术。"[①] 对现在我国的农业来讲，很大程度上寄希望于我们的科技。生物技术是新技术革命的重

---

① 《邓小平文选》第 3 卷，人民出版社，1993，第 275 页。

要组成部分，实际上不仅农业，也包括医学、轻工业、生态环境恢复等与它都有关系。其核心技术是基因操作和转基因技术，也包括近年发展特别迅速的基因编辑技术。现代农作物的生物育种，是在对作物基因组测序和分析的基础上，融合了转基因技术和基因编辑技术、分子标记育种、细胞工程、远缘杂交育种等多种技术的过程，是现代农业科技创新和产业发展的重要领域。

在细胞工程领域，利用植物组织培养技术，中国科学家在通过花药培养获得纯系（dihaploid）、利用远缘体细胞杂交获得新的遗传材料等方面，作出了不小贡献。特别是无病毒组培苗快繁技术已在不少种园艺作物及林木上得到成功应用。比如，利用无病的香蕉组培苗，确保了大面积香蕉的高产稳产，现在大面积种植的草莓，基本上也用试管快繁的优良种苗。马铃薯，尤其在南方特别容易感染病毒，由无病毒的马铃薯试管苗形成的微型种薯，便于运输，再经温室或塑料大棚几次扩繁，形成生产用的种薯，可确保马铃薯的产量。试管苗也广泛应用在兰花的生产中，除了观赏种类外，在中药材铁皮石斛的应用上也非常成功，大大加速了石斛苗的供应，满足药材生产的需要。在木本树种中，桉树的应用最为成功，仅广西桉树试管苗的产能即可达到近 1 亿株 / 年。

从 20 世纪 80 年代开始，国家对农业科技的支持不断加强，如在80 年代中期启动的"863"项目中，农业生物工程领域中就包括了两系杂交稻的研制、抗虫转基因棉的研制、作物抗病虫新基因的克隆、作物生物固氮和固氮微生物的研究等。从 90 年代启动的科技部重大基础研究计划专项中，就有一批农业领域的项目。作为科技部"973"专家顾问组的成员，我多年来参与农业领域"973"项目的组织工作。

就我所知，"十二五"规划实施以来，农业领域 5 年共启动了 48 个项目，涉及农作物（包括粮油作物、蔬菜、果树）、农业动物（包括水产养殖和病害防治）、农业生态（包括林、草）、植物保护（包括绿色农药）等，获准项目共投入经费总数 15 亿元。由农业部负责的国家转基因生物新品种培育重大专项，2010 ~ 2020 年总共计划投入 240 亿元。此外，近年来，如科技部对重要农作物功能基因组、作物杂种优势机理，国家自然科学基金会重大项目对植物激素、农作物复杂性状网络，中科院战略先导项目对分子模块育种、植物—昆虫—微生物相互作用的分子机理等研究，都投入了大量资金。

现在的生命科学已进入基因组时代。在农业领域，我国科学家在参加日本主持完成水稻（粳稻）基因组测序的国际合作的同时，完成了水稻另一亚种籼稻（杂交稻的两个亲本）的测序。至今，我国科学家已经完成或以我国为主参与国际合作完成基因组测序的植物种类已有 30 多种。除了水稻外，还包括棉花、六倍体小麦的 A 基因组和 D 基因组、谷子、甘蓝、芸薹、番茄、黄瓜、西瓜、辣椒、甜橙、梨、猕猴桃、竹、柳等。通过基因序列的分析比对，科学家可以了解每个物种究竟有多少基因，与作物产量、品质、抗病虫、水肥高效利用等性状有关的基因可能分布在哪里，想办法把它们从不同的育种材料中分离出来。就拿水稻来讲，影响水稻产量的有三要素，第一个是分蘖数，分蘖多了，穗数也就多了，第二个是每穗的粒数，第三个是粒重，这三个要素决定水稻的产量（稻谷产量 = 穗数 × 每穗粒数 × 粒重），又分别受很多不同基因的调控。在中外科学家已克隆的一批与这三类性状有关的基因中，中国科学家作出了最大的贡献。至今，我国科学家已经克隆了一大批具有自主知识产权的重要性状相关的功能基因，为转基因作物新品种培育和分子育种储备了重要的核心技术与基因资源。这些基因包括抗病虫基因（如水稻抗褐飞虱 *Bph14*、抗稻瘟 *PigM* 等，1997 年以来国际命名委员会公布新型抗虫 Bt 基因总数中我国占40% 以上）、抗除草剂基因（抗草甘膦 *EPSPS-2mg2*）、抗逆基因（耐旱 *ABP9*、*DSM1* 等）、高产性状基因（如水稻理想株型基因 *IPA1* 等）、品质改良基因（如棉花优质纤维 *Fbp7-IaaM*、高赖氨酸 *At168* 等）、养分高效利用基因（如磷、钾转运蛋白基因 *OsPT*）等。从作物育种来讲，育种家就必须要了解这些基因，关心究竟能派上什么用场。育种家可以用之作为遗传标记，也可以用于转基因，用分子育种的思路和技术，把这些有用的基因有效地转移到农作物中去。

我们再讲讲棉花。20 世纪 80 年代起，我国很多地方的棉花遭到棉铃虫的严重危害，一些地方甚至绝收。当时美国公司就想把抗虫转基因棉打入中国市场，当然价格不菲。那时的"863"农业生物工程领域已安排了转基因抗虫棉专项，中国科学家能不能自己研发出中国的抗虫棉？事实上中国的科学家并不笨，没花几年，通过将 Bt 抗虫基因导入棉花，很快就研制出中国的抗虫棉，为棉花生产做出了极大的贡献。2008 ~ 2015 年，我国共育成转基因抗虫棉新品种 147 个，2015 年推广种植 5000 万亩，累计推广 4.0 亿亩，占国内市场份额的95%，转基因抗虫棉在我国的种植面积已占棉田的 85%，减少农药用量达 40 万吨，经济效益达 450 亿元。棉铃虫除了危害棉花以外，它也危害玉米、大豆等其他作物，所以抗虫棉应用后，棉花地的虫少了，也显著降低了棉铃虫对玉米、大豆、蔬菜等多种作物的危害，总受益面积达 3.3 亿亩。我国的抗虫棉产品不仅在国内市场上占有优势，而且已向印度、澳大利亚等国转让，在国际棉种市场上争得一席之地。除了抗虫棉已大面积应用外，在耐旱耐盐碱转基因棉花的研制方面，转 *GhABF2* 基因棉花耐旱性、耐盐碱性显著增加，已进入环境释放阶段。对于品质改良，转 *GhBOB1* 基因棉花的纤维长度能稳定提高 10% ~ 15%，已完成中间试验，进入环境释放。转 *HEWL*、*nhaD* 和 *CP4-EPSPS* 基因的多基因聚合棉，高抗黄萎病、耐盐和抗除草剂草甘膦，也已进入环境释放。

除了转基因抗虫棉以外，我国批准允许种植、在生产上已得到应用的另一种作物是抗病毒病的番木瓜。20 世纪 40 年代末，美国夏威夷发现番木瓜环斑病毒，随后此病毒的传播和病毒病的蔓延几乎摧毁了全球的番木瓜产业。美国在 20 世纪末即研发成功转基因抗病毒番木瓜，并迅速推广应用。由于我国华南地区和台湾地区发病的毒株与美国的不同，华南农大针对我国南部传播的毒株，培育的抗病毒番木瓜于 2006 年即获得安全证书，并在生产上推广应用，2015 年我国转基因抗病毒番木瓜种植面积达到 15 万亩。台湾中兴大学的学者已发现，随着流行毒株的变化，需要转入不同的基因。真是"道高一尺，魔高一丈"，与病害的斗争永无止境！

抗虫转基因水稻的研究开发是我国生物育种领域具有重大国际影响的创新性成果。2000 ~ 2009 年，三种螟虫（二化螟、三化螟和稻纵卷叶螟）年均发生面积高达 6.1 亿亩次，稻谷损失累计高达 1600 万吨。与转基因抗虫棉相似，将 Bt 抗虫基因转入水稻，我国科学家已获得一批抗虫转基因品种或品系，华中农大的两个抗虫品种 2009 年即已获得农业部的安全证书。同时，抗虫转基因玉米也取得可喜进展，一批田间表现良好的品种正等待审批。

转植酸酶基因玉米研究。通过将黑曲霉的植酸酶基因导入玉米不育系，培育出高植酸酶转基因杂交组合品种，适应性和产量明显提高，具备较好的产业化应用前景。中国农科院生物工程研究所历经十几年研发的这项成果是我国生物育种自主创新的又一成功事例。磷是动物生长发育必不可少的元素，玉米中总磷量的50% ~ 80% 以植酸（phytic acid）形式存在，但植酸中的磷不能被单胃动物（如猪、家禽等）消化利用，结果随动物粪便排泄后严重污染环境。因此，在饲料生产中必须添加磷酸氢钙以满足动物生长发育之需，但我国磷矿资源严重缺乏，每年需进口大量的磷添加物加入饲料。要把植酸中的磷释放出来变成动物可以利用的形态，这需要植酸酶。转植酸酶基因玉米所用的植酸酶基因来自一种黑曲霉，这是食品工业已经批准利用多年的一种真菌。植酸酶在自然界也广泛存在，许多微生物都能产生并分泌植酸酶，高等植物本身也含有植酸酶基因。而用同样的基因发酵生产的植酸酶在饲料工业已经使用很多年。植酸也是一种抗营养因子，与多种金属营养元素以及蛋白质形成不溶性的螯合物而束缚这些物质，严重影响动物对这些营养元素的利用。转植酸酶基因玉米中的植酸酶可以降解饲料中含量丰富的植酸，不但可以释放出有利于动物生长发育的无机磷，每年可减少饲料中磷酸氢钙的添加量80万 ~ 120万吨；而且还可减少动物粪、尿中磷排泄的30% ~ 40%，减轻了环境污染，提高饲料营养利用率30%以上。由于不必再在饲料中另外添加磷，也减少了成本。2009年这一成果已获农业部的安全证书，现正在等待品种审批。

转基因植物也可用于生产医药产品，武汉大学研发成功的高表达人血白蛋白的水稻，种子中植物源重组人血白蛋白纯度达99%，其分子结构和功能与天然的无异，已获准环境释放，进入生产性试验，并建立了可规模化生产人血白蛋白的工艺流程。含有医药产品的转基因水稻完全可以在隔离的环境条件下生产，因为并不需要大面积种植，而提取过人血白蛋白后的淀粉成了副产品，仍可作为原料用于发酵工业，所以它一点都不会损失。这样，预计未来每亩效益可达到 12 万～16 万元。用转基因农作物还可生产我们需要的一些特殊产品，如保健食品。我国科学家培育的高抗性淀粉转基因水稻已进入环境释放，可望作为糖尿病患者的专用食品。

抗黄花叶病转基因小麦也已完成生产性试验，育成的优质、高抗转基因小麦新品系，比对照组明显增产，具有重要的推广应用价值。培育的抗旱转基因小麦品系，已进入环境释放阶段，水分利用率提高 15% 以上，产量比对照组增加 10%，也具有较大的生产应用潜力。

此外，我国在培育转基因生物新品种方面，抗虫和抗除草剂玉米、抗除草剂大豆、新型抗虫水稻、优质棉花、抗旱小麦、抗旱和盐碱杨树、高品质牛猪等转基因新品种培育也取得了突破。中科院武汉水生所朱作言院士领导的团队自 20 世纪 80 年代开始，在"863"生物工程项目支持下进行的转基因鲤鱼研发工作，其成功其实早于美国 2015 年底获批准的转基因三文鱼，一些技术指标也明显优于野生三文鱼。

近年来，基因编辑技术在生命科学研究以及医学、农业育种等领域引起极大的关注，也取得了不少突破性的进展。在植物方面，如中科院遗传发育所在小麦研发方面的工作就非常出色。普通小麦是异源六倍体，它的整个基因组由三组基因组成，这是一个很复杂的基因组。如果要把小麦三组基因中三个等位基因同时修饰，通过常规的育种技术乃至转基因技术近乎不可能实现，而基因编辑就可能。小麦白粉病是危害小麦的一种严重病害，科学家针对六倍体小麦三组基因的白粉病抗性同源位点进行修饰，使小麦获得了抗白粉病的遗传性状，这无疑大大加快了小麦抗白粉病育种的进程。目前，我国除小麦外，CRISPR-Cas9等基因编辑技术已成功用于水稻、玉米、大豆、马铃薯、烟草、杨树等作物。基因编辑技术、定点重组技术的突破，已使基因操作更加精准。国际农业生物技术组织在其网站上推荐过两篇文章，描述了作物改良技术的演变，特别是新育种技术的作用。其中推荐的一项战略是：通过转基因、基因组编辑和微生物（利用微生物组作为改良植物性状的另一种基因新来源）三者结合来提高作物生产率，从而为实现粮食安全和消除饥饿与贫穷这个目标作出贡献。

从上可见，现代的农业育种技术特别是生物技术，对农作物的改良和农业的发展起到很大的作用。对于转基因作物和食品，大家会关心究竟是否安全。北京理工大学的学者通过检索美国科学引文索引论文（SCI）发现，1980～2014年2月，在公开出版的有关转基因技术影响的8017篇研究论文中，有关转基因食品安全影响的论文492篇，其中绝大多数研究未发现转基因作物在食品、生态或者生产方面存在显著的负影响。

国际食品法典委员会、世界卫生组织（WHO）和世界粮农组织（FAO）制定的一系列转基因安全评估标准，已成为全球公认的评价准则，各国依此制订相应的评价规范和标准。全球大规模应用转基因作物已20年，每年亿万公顷土地种植转基因作物，数亿吨转基因产品进入国际市场，数十亿人群食用转基因食品，尚未发现任何有真正科学证据的安全问题。近些年来不少相关的重要国际组织，如世界卫生组织（WHO）、世界粮农组织（FAO）以及美国科学院、英国皇家学会、中国科学院等权威学术机构都发表过专门的报告，这些报告的结论大致相同：经过严格、科学的安全评价和管理，人们当初担心的某些风险问题已经澄清并得到有效控制。实践证明，经过严格的科学评估、依法审批的转基因作物和产品是安全的，它的风险是可以预防和控制的。2013年世界粮食奖授予三位从事转基因技术研究和应用的杰出科学家，即是对转基因作物研发及其应用的极大肯定。

我国是世界上率先研究农业生物育种的国家之一，转基因作物种植面积一度居国际前列，转基因抗虫棉作为生物育种创新的成功事例曾在国内外产生广泛影响。但是，由于在转基因安全问题上受到诸多复杂因素的影响和牵制，近年我国农作物生物育种的产业化进程减慢。十几年来，除棉花以及种植面积不多的番木瓜以外，我国没有一个重要转基因农作物研究成果被批准产业化。近年来我国在重要转基因作物产业化推进上停滞不前，不仅在发展水平上与美国的差距重新拉大，而且发展速度已经落到巴西、印度等发展中国家之后，从原来的第二位退到第六位。

六　我国未来农业发展的展望

世界粮农组织对食物安全的最新定义为：所有人在任何时候都能获得足够、安全和富含营养的食物，满足人们健康生活的膳食需求与食品爱好。食物安全并不仅仅是提供足够的粮食，而是要吃饱、吃好，还要吃得营养，并且要考虑不同民众、不同国家的食品偏爱。2014年11月罗马第二届国际营养大会通过了《营养问题罗马宣言》

以及《战略行动框架》，宣布 2015 ~ 2025 年为全球"营养行动 10 年"，提出了促进注重营养的农业发展、确保粮食安全、实现健康饮食行动计划。因此，未来的农业发展除了要保障充足的食物供应外，还必须满足人类的营养和健康方面的需求，构建农业—营养—健康产业链，实现农产品市场逐渐由生产决定消费，转变为消费引导生产、营养健康指导消费。这对中国也不例外，同时这也是我国未来农业应该考虑的（见图 9）。

图 9　我国食物营养科学的路线图和新理念

首先，须知提高单位面积产量是提高我国农作物产量的唯一途径。我国的可耕地资源有限，随着工业化、现代化、城市化进程加快，我们的耕地可能还会进一步减少，所以我们在确保一定耕地面积的前提下，唯一的办法就是在有限的土地上生产更多的农作物产品，提高单位面积产量。为此，应利用现代科学技术、改良和培育适应现代农业和市场需要的作物新品种（高产、优质、抗逆、环保）。就是说，培育新品种，不光产量要高，品质（包括外观、营养成分、耐贮藏等）要好，还要抗病虫害，少施肥少施农药。在确保主粮作物的同时，应兼顾重要经济作物、园艺作物（蔬菜、水果、花卉），以满足社会多样化的需求。科技部已启动的国家重大科研项目育种专项，就包括水稻、小麦、玉米、棉花、大豆、油菜、蔬菜等七种（类）重要农作物。

我们的土地经过长期高强度的耕作，加上大量使用化肥，土壤有机质减少、肥力减退、土壤退化。土地是我们的生产资料，土壤退化的结果会影响作物的产量和农产品的品质。比如，由于东北特殊的生态环境，包括黑土，现在种的水稻产量和所产大米品质都不错，问题是如果水稻再种 10 年、再种 20 年，那时会如何？去年 11 月份在东北开了国际黑土会议，会上国内外科学家呼吁应该保护东北的黑土。我国有土壤学家说东北的黑土三百年才长一公分，因为连续种水稻造成每一年黑土的流失，将造成黑土层的破坏，所以保护我们的耕地，就是保护土地的生产力，藏粮于地。趁我国粮食 13 年连增、库存积压、国际市场粮价低迷，在部分地区实施适度的休耕、轮作套作，有助于地力恢复。部分低产地可用于种植饲用牧草，特别是豆科牧草，既提供了饲料，又提高了土地的肥力，改良了土壤。要提高水肥利用效率，研制新型高效低毒绿色农药，以减少对环境的污染。科技部已经启动的国家重大科研项目"化肥农药减施增效"，希望到 2025 年确保农作物的化肥用量减少 20%，化学农药减少 30%，大大降低化肥和化学农药的使用。

为有效降低农业成本、提高农业劳动生产力，应在有序流转承包地的基础上发展适度规模经营，改良和创新适应优良品种和机械化的耕作栽培措施。现在中国不少人喜欢吃"黑五类""黑六类"，它们含花青素多一点。这些需求促进了这类作物产品的大量生产，所以农业生产应适应市场的需求。在西方发达国家，食品加工业是国民经济中一个非常重要的部分，而我国的食品加工业就远没有那么发达，不少方面尚停留在初级加工阶段。应该讲未来食品加工在我国国民经济中的地位肯定会越来越高。我们越来越忙，很多人越来越不想做饭了，实际上就有更大的需求。像日本不少罐头，很多都是半成品，回家稍微加热就可以了。但是针对不同的食品加工，对农作物有不同要求，要适应这种加工的需求，包括蔬菜、水果中的速冻蔬菜、脱水果蔬、果蔬汁、果蔬罐头等等。为此，要使农产品的生产适应未来食品加工业的市场发展需求。

去年农业部就提出了马铃薯主粮化，世界的三大薯类马铃薯、甘薯、木薯在植物分类学上是风马牛不相及，分别属于完全不同的科，马铃薯属茄科、甘薯属旋花科、木薯属大戟科。这三大薯类中，马铃薯和甘薯在中国的总产量和种植面积都是全世界最高的。木薯主要产在非洲、南美洲和太平洋岛国，我国仅在南方部分省份种植。我们很多人都可能想象马铃薯主要在欧美国家，实际上欧美国家远远落后于中国和印度，中国第一、印度第二，但印度的马铃薯总产量大概只有中国的一半。为什么去年农业部提出马铃薯主粮化？首先，三大薯类作物共同的特点是单位面积的生物能产量高于其他栽培作物，且具有耐旱、耐瘠薄、适应性广、块根（茎）淀粉率高等特性。过去多数在贫困的边远地区、山区种植。我们遇到灾害了，就种这些作为救灾作物。现在大家知道这几个作物都是很健康的食品，甚至把甘薯列为最健康的食品之一。马铃薯的营养价值也很高。所以去年农业部提出推动马铃薯主粮化、发展马铃薯产业。中国马铃薯的种植面积 530 万公顷，总产量相当于 1855 万吨谷物（鲜薯 9275 万吨），占块茎块根类

作物总种植面积的62%，产量的56%。

虽然中国已是全世界最大的马铃薯生产国，但是每公顷的产量仅是发达国家的1/3，比世界平均产量低20%。就马铃薯的人均年消费量而言，欧洲达50～60千克，俄罗斯170千克，中国仅30千克。到2020年，我国的种植面积可望从现在的530万公顷，增加到2000万公顷（包括利用南方的冬闲田），其总产量相当于我国一季夏粮的总产量，不可小看。马铃薯种植规模扩大以后，我们不能只吃薯片、薯条，那吃不了多少，工业淀粉会用掉一部分，需要有更多的品种来满足不同的需求，并要考虑如何让马铃薯进入中国人的主食。比如，北方人吃的主要是面条、馒头，能否用马铃薯淀粉做面条、做馒头？中国农科院做了大量的试验，去年在北京已经有一批餐馆试销马铃薯馒头，马铃薯淀粉含量可达30%～35%，再多馒头会发酵发不好。最近听说采用新工艺后马铃薯淀粉已增加到40%。马铃薯淀粉面条也这样。如果这样的话，马铃薯就可渗入中国人的主食了。另外，加工业要大大扩展，现在我们马铃薯的淀粉加工企业规模都很小，淀粉加工产生的废水污染环境，废水里面其实有很多营养物质，利用废水中的养料可以发酵生产微生物。

所以，薯类产业化对应着很多问题，从种植生产到最后的加工实际上都有很多东西需要科学家来关注。科学家过去主要在关注粮棉油作物，相对而言研究马铃薯的很少，研究红薯的就更少了，因为没把它当成一种重要的作物。现在提出这些问题，就需要国家科技部、农业部以及我们的科学家能关注马铃薯的研究，关注薯类作物的研究。欧美科学家一直把马铃薯作为一种非常重要的作物，从各方面对马铃薯进行系统的研究，针对不同的需求培育相应的品种。比如，针对马铃薯贮藏过程中的问题，美国于 2014 年 11 月批准的 Innate™ 转基因马铃薯，在薯条油炸过程中产生的丙烯酰胺（致癌物）含量更低，在贮藏过程中损伤浪费也更低。

今天的植物科学正在从传统的模式植物转向作物或有潜在价值的植物种类，因为植物与食物生产和粮食安全、营养健康、能源、生态环境和全球气候变化密切相关。未来植物科学更会体现其问题导向（problems driving）的趋向。

未来的农业发展对植物科学提出了更多的需求，所以应加强研究优良种质资源的鉴定与利用、形成和演化规律；主要农作物基因组学研究，重要农艺性状形成的分子基础（产量、品质、抗病虫、抗逆、养分高效利用、光合作用、生物固氮、重金属吸收和积累等）；作物杂种优势形成机理和利用；利用以上各方面研究的成果，开展作物分子设计育种。

植物作为生物圈的重要成员，所有动物以及绝大多数微生物都直接或间接依赖植物而生存，因而植物具有特别重要的作用。在生态系统中植物与其他生物（细菌、真菌、昆虫、鸟类等）的相互关系错综复杂，利和害都有。比如，在病害发生过程中，除了研究植物和病原微生物的相互关系外，还需要研究植物、病原微生物、昆虫、环境的关系；在共生固氮、根际微生物和内生菌的研究中，就需要研究植物根系、微生物、土壤三者的相互关系。

中国是全球生物多样性最丰富的国家之一，有约一百万种陆生植物和动物，但已命名的不足 12.5 万种，约占全球的 10％。中国约有 3 万种高等植物，约占世界的 1/8（美国和加拿大有 1.8 万种，欧洲 1.2 万种），其中有 6000 多种可用作药用植物。中国也是全球作物进化和驯化的中心之一。在 640 多种栽培植物中，约 400 种起源于亚洲，其中 300 种起源于中国和印度。但在中国社会急剧变化和经济快速发展的过程中，生物多样性受到严重威胁，物种消失的速度高于世界的平均值。全球植物的濒危物种约 10%，中国达 15% ~ 20%。中国濒危或接近濒危的植物物种有 4000 ~ 5000 种。所以，应加强对我国生物资源的调查和研究，保护生物多样性，应加强植物应对气候和环境变化的基础研究。科学家还应该思考从多样的野生植物或现有的作物中，研发未来的新型农作物（能源植物、功能食品等）。下面用几个例子说明。

甜高粱也叫芦稷、甜秆和糖高粱，为粒用高粱的一个变种。作为 C4 作物，是世界上生物量最高的作物，株高可达 4 米，且再生能力强，可多次收割，一年可以割两茬到三茬。富含糖分的茎秆单产可达 4 吨 ~ 10 吨 / 亩，籽粒也能达 200 ~ 400 千克 / 亩，叶蛋白是玉米叶的两倍，生物量是青贮玉米的 2 ~ 3 倍，茎秆的含糖量9% ~ 12%，与甘蔗相当。且甜高粱更为抗旱、耐涝、耐盐碱和极端温度变化，一季用水仅是玉米的 2/3。它过去作为能源植物来考虑，因为近年国际市场上石油不景气，现在改用作为青饲料，在我国多地试验的结果表明，可以作为一种很好的饲料作物。

对于未来的农业，我们的视野应该放得更宽。水生植物浮萍有很多种，也是一类生物量很高的植物。例如，中科院成都生物所研究的少根紫萍（Landoltia punctata），是一种高淀粉浮萍，淀粉含量达52.9%，淀粉产量折合每公顷 43.5 吨，固定碳 13.53 吨。养殖 6 ~ 7天典型生活废水可达国家一级 A 类排放标准，去除废水氮 3.39 吨、磷 0.69 吨，并有超强的重金属吸附能力（每公顷每年吸附 2.7 千克镉元素，相当于 1 亩重度污染土壤中的总量），可直接用于工业发酵，生产乙醇、丁醇，应该说是一种很有潜力的新型产淀粉的植物。几年前，我在以色列看到另外一种很小的浮萍——微萍，跟一粒芝麻那么小，生长非常快。在塑料大棚设施中，于控制的循环水池中大量生产这种微萍，可以直接用于生产高档的营养性功能食品，含有丰富的蛋白质、淀粉、半纤维素等物质。

其实自然界很多生物的潜能我们还没有很好地发掘。一些沿海地区在尝试利用稀释海水灌溉作物，发展耐盐的湿地植物。未来的海水农业，就是要发展种植盐生植物、湿地植物和抗盐植物，发展海水灌溉种植和海生植物种植，甚至深海种植，利用海洋生产更多的食品和其他产品。

中国传统的养生讲究"药食同源"，即认为药物与食物无明显的界限，一些传统药物本身就是食物，而一些食物却具有某种保健和治疗功能。在 6000 多种常用中草药中，不少既可药用又可食用，如人参、山药、百合、枸杞、莲藕、莲子、铁皮石斛。所以利用我国丰富的植物资源，研发新型的功能性食品，包括加工食品，应有很大的潜力。国际市场上近年功能食品和保健品的发展很快，我国不少去海外旅游的人，也常把保健品放入购物清单之中。传统的中药枸杞，果实具补肾强腰、滋肝明目、清热冷血之功效，其中一些药用功能已得到现代科学的确切证实。中科院华南植物园王瑛研究员的团队正在研究把枸杞改良成功能性水果，新鲜的枸杞果外观和品味都不错，他们正在选一些果型较大的，希望通过育种，有朝一日把它培育变成樱桃那么大，成为 21 世纪的新型水果。

全球 30 多万种植物估计产生 20 万 ~ 100 万种不同的代谢产

物（Dixon & Strack，2003），为人类提供了庞大的天然化合物库，植物合成数量如此之多的不同次生代谢产物，是天然产物的最大类别，其中不少化合物具有多种生理、药理功能，是许多药物的主要活性成分，过去30年被批准上市的新药中，有一半与次生代谢产物相关。例如，抗疟成分青蒿素，以及抗癌有效成分紫杉醇、长春碱等都来自植物。中医药中的食疗、药膳和养生保健等，体现了中医药传统对药物与食物起源关联性的认识。药食同源的物质基础就是植物产生功能多样的天然产物，以及食物和药物在调节人体生理机能方面的相同功效。虽然植物能合成上万种天然产物，但在植物体内的含量往往很低，或由于过度开发与利用等导致植物资源破坏，有些特种甚至濒临灭绝；或因其结构复杂、化学合成困难，难度大、效率低、成本高，为有效地开发利用这些代谢产物造成了困难。例如，人参属（Panax）的人参、西洋参和三七，均是重要的中药材。很多年来，日本、韩国、中国、俄罗斯、美国的科学家对人参的有效成分进行了大量的研究，发现人参皂苷（ginsenosides，属三萜类皂苷）是其生物活性物质，人参的总皂苷仅占根部干重的 1.5%～4.0%。已经发现人参皂苷有 100 多种，而进一步的研究表明，真正起作用的是其中含量很低的稀有成分。比如，人参皂苷中的二醇型占总皂苷的 38%～65%，而二醇型稀有的人参皂苷 Rh2、Rg3 仅占总皂苷的 0.01% 左右；三醇型主要人参皂苷 Rg1 和 Re，占总皂苷的 30%～60%，而三醇型稀有人参皂苷 Rh1、F1 仅占总皂苷的 0.1% 左右；红参中稀有人参皂苷 Rg3 占总皂苷的 0.1%，Rh1 占总皂苷的 0.5%。现在已知这些稀有的人参皂苷的若干特定功能，如 Rh1- 用于抗炎症与过敏，Rh2、Rg3- 用于抗癌辅助药，F1- 用于抗疲劳、防衰老，非天然二醇型人参皂苷 CK- 保肝、防关节炎。科学家已经了解人参皂苷（包括那些稀有成分）的代谢途径，及其相关的基因。利用合成生物学的原理和技术，把与合成人参皂苷稀有成分相关的整套基因组装进作为底盘细胞的酵母，用酵母来生产人参皂苷，这样就可以根据需求生产不同的稀有皂苷，并通过基因调控不断提高产量。所以未来实际上我们的视野会更宽广，用微生物发酵来生产植物的特定代谢产物。

展望未来，我想 21 世纪的植物和农业科研人员应是善于把新思想和新技能带入自己研究领域的人。因为所有人类面临的重大问题（农业、健康营养、能源、生态环境、全球气候变化等）都需要不同学科共同应对，所以 21 世纪的植物科研人员与农林科学家应善于与从事环境科学、系统学、计算生物学、合成生物学等不同学科的工作人员进行合作，使中国的农业真正走上可持续发展道路。

最后，我希望植物和农林科学能使地球和人类的未来变得更美好！我就讲这些，谢谢大家 [1] ！

———————

[1] 致谢：北京大学现代农学院黄季焜教授、中国植物油行业协会副会长涂长明先生提供了大量农业经济和粮油产业的分析材料；中国科学院植物研究所方精云院士和种康研究员，中国科学院遗传发育研究所谢旗研究员，中国农科院作物研究所万建民院士、蔬菜花卉研究所黄三文研究员和草原研究所侯向阳研究员，中国水稻所王大元研究员，中国科学院上海生命科学研究院植物生理生态研究所陈晓亚院士、黄继荣研究员、张鹏研究员和周志华博士，中国科学院昆明植物研究所李德铢研究员，华南植物园黄宏文研究员和王瑛研究员，东北地理所冯献忠研究员，浙江大学王福俤教授，南京林业大学施季森教授，北京林业大学卢欣石教授，国家林业局桉树研发中心谢耀坚研究员，提供了相关的材料。在此一并感谢！

本演讲根据作者 2015 年 10 月在长春召开的全国植物生物学大会上的报告修改补充而成。

【互动交流】

1. 大学生兴趣很多，很多事想参加，最后可能一事无成怎么办？

听众 A： 许院士您好，我是华侨大学法学院一名大二的学生，了解到在北大的改革中，您注重的是因材施教，但是有的同学就是兴趣很多，有条件做很多事，最后却有可能一事无成，这样要怎么办？谢谢！

许智宏： 我很羡慕你们这一代，因为你们有更多的选择。不像我们当年读大学的年代，没有选择，学校安排好了所有的课程。同班同学学习的课程都是一样的，没有任何差异。不可能自己去选专业选课程，不用担心毕业后的工作，反正是统一分配。现在不同了，你们有了更多的选择，我觉得这是社会的进步，但是这更需要你们把握好自己。实际上每个人的能力和天赋、兴趣和爱好都不一样。很重要的一点是，如果说你们高中阶段还不可能思考这些东西，那到了大学就要补上这堂课。按道理，在高中毕业就应该思考了，由于中国的教育体制，我觉得中国的教学到高中阶段还基本上是应试教育，大多数高中生根本没有时间想这些。上大学了，你们除了要选择学习的课程外，更多的应思考"我想做什么，我能做什么"。要知道并不是你想做什么就能去做什么的。有很多同学想当科学家，就像我们做实验科学研究的，我就问他，如果你很聪明，很会动脑的话，但你的动手能力怎么样，不会做实验，或不爱做实验就不行，特别是对实验科学。当然，如果你特别喜欢抽象思维，你可以去从事理论研究工作，如理论物理、基础数学，但是即使这样，你也必须了解科学试验是怎么回事。在大学学习的过程中，大学帮你打下扎实的基础，重要的是你要建立自己的知识框架、不断完善自己的能力等，不是只要读好书就可以了，不然你将来走上社会，会无所适从。

实际上，很多人走出校门后往往过几年又换工作了，他可能觉得工作不合适，或者有更吸引他的工作。现在你们有各种选择的机会，我们那时候是不可能的，大学毕业分配到哪个单位，那一辈子可能就工作在那了，直到退休。现在你们有了选择，不行还可以换。但是我不希望你三天两头换，老换当然也不行。但是过了若干年如果你真找到更好的感觉，发现有的工作也许更适合你，你也有能力，换换也不是什么坏事，你得到了社会经验，这会有助于你以后的工作。

我举一个例子。很多年前有一天，我乘飞机，上飞机后有服务员认识我，说机上有北大的校友。起飞后，从驾驶员的机舱里走出来一个男孩子，他认识我，就是我们学校的。我说你怎么开飞机了，又问他是哪个系的。他说是生科院的。那就是说我俩还是院友了。我说你怎么去开飞机了，四年北大不是白学了。我是半开玩笑地问他。他说也没有白学，北大宽松自由的学习环境教会了他可以为自己的理想去奋斗，要去做一点自己喜欢的、追求的事情。这不是蛮好吗！我觉得。后来我在美国西雅图又见到了另一个开飞机的北大学生，他是北大物理系毕业的校友，后来在微软公司工作。他做这个工作几年后想去当飞机驾驶员了，因为那是他的爱好。他在美国拿到了飞机业余驾驶员的执照。他从微软辞职，去开美国西雅图到阿拉斯加的航线。几年以后过完瘾他又回去了，居然微软公司还要他。这也很有意思，我猜想大概是微软公司觉得这个人还能为了自己的理想敢于奋斗吧。所以，我觉得大学是给你打下一个坚实的基础，并不见得你学了什么未来就一定从事什么，这个很难说的。

但是这对老师来讲，我觉得有一个更高的要求。我们过去的老师都重视教学，就是上什么课就教什么课的知识，重在传授知识。实际上，今天的教育更希望我们的老师在讲课的过程中能够传授一种无形的东西。比如可以讲讲科学家和学术大师是如何工作的，他们对人生的追求和对事业的奋斗精神。为什么北大生科院的饶毅教授有那么多学生喜欢他？我看过他给研究生讲课的课件，觉得他讲的课有很多的故事，比如他讲遗传学的先驱孟德尔用豌豆发现遗传学的基本定律。讲课内容隐含了很多东西，同学们在获得知识的同时，还可以了解到这些知识是怎么来的，了解科学家的成长过程、科学的思维和方法。所以，多年后，课程的具体内容你可能都忘掉了，但总有一些更生动、能打动你心灵的东西留下。所以，我在北大时曾多次讲过，希望我们的教师，特别是教本科的，虽然教的课程不一样，但是总有些基本的要传授给学生的东西是相通的。我们的老师应该让更多的同学学会怎么思考，在学习中培养批判能力，而不是简单地传授知识。如果这样的话，我们的学生将来会感谢我们一辈子，他们到社会上就有了一种更重要的能力，知道怎么来应对我们面对的不断变化的社会，仍不失自己的人品、追求和理想，做一个有社会责任心的人。

2. 我国转基因食品有哪些？怎么看美国是转基因食品出口大国？

听众 B：许院士你好，我是《泉州晚报》的记者，我想问您一个关于转基因食品的问题，现在其实在社会上都是谈虎色变的，负面的评论会比较多。现在我国转基因的食品大概有哪几个种类，还有自己种植的比较多还是进口的比较多，因为看到网上有很多人说像美国人是不吃转基因食品的，但是他们却是转基因食品的出口大国。我想问问许院士怎么看，谢谢。

许智宏：我想说一下，网上有些消息说美国人不吃转基因食品，真实的情况是，美国是全世界转基因食品的最大生产国和消费国。美国的转基因作物种植面积最大，当然它的出口也最多。就拿大豆来讲，全球大豆总产量约 3.39 亿吨，美国、巴西各占 1 亿多吨，全球非转基因大豆总产量仅为 5400 万吨，即仅占全球总产量的 14% ~ 15%。美国人均的大豆消耗量约是中国的 2 倍，其中除了部分作为饲料外，很大一部分大豆加工成大豆蛋白。在美国的很多食品中，土豆蛋白作为蛋白添加剂、营养保健品的原料等。所以美国市场上的很多食品都含有转基因的成分，特别是大豆和玉米。只是美国实行的是实质等同原则，即经审批通过的，就视作与非转基因相同。所以，美国的食品原料中所含有的转基因材料，只要是通过国家食品安全和环境安全审批的，并不需要作标记。我在上面已经讲过了，实践证明，经过严格的科学评估、依法审批的转基因作物和产品是安全的，它的风险是可以预防和控制的。美国的转基因食品无须标记，美国媒体应该是知道的。尽管美国有几个州要立法标记，但是去年美国的联邦议会还是否决了，还是保持原来的所谓"自愿标记"原则，所以美国人不吃转基因食品不是事实。

再来讲中国，中国有哪些转基因食品？中国进口的食品种类挺多的，其中最多的就是大豆，基本上是转基因大豆。去年我国进口的大豆达 8200 万吨，占全球大豆出口总量的 60％，其中从美国进口的大豆占美国出口大豆总量的58％。我国需要的大豆中有80％是进口的，不进口也不行，我国过去的生产量只占总需求的不到20％。进口的转基因大豆在我国主要用于榨油，豆粕作为主要的蛋白饲料。我也注意到，我国几个大型粮油公司用转基因大豆生产的大豆油都明确标记了，市场上也有用非转基因大豆生产的大豆油，顾客有选择的自由，但是价格差异还是相当大。在一大型超市我看到同一个公司5升一瓶的非转基因大豆和转基因大豆生产的大豆油，前者的价格比后者贵将近90％（非转基因的59.9元，而转基因的31.9元）。所以你讲最终受益的究竟是我们老百姓还是谁，我觉得这个问题是弄得清楚的。第二个就是玉米，我们进口玉米主要作为饲料，实际上我们进口的转基因粮食主要就这两种。除此之外，我国还进口一部分转基因油菜籽和菜籽油。

前面讲课时，我讲到番木瓜，即我们通常所说的水果中的木瓜，全世界的番木瓜基本上都是转基因的，因为番木瓜感染番木瓜环斑病毒后几乎是绝症，从夏威夷很快蔓延到全世界。科学家使用转基因技术使病毒不能在番木瓜中繁殖，拯救了一个产业。所以你们在市面上买到的番木瓜基本上都是转基因的，除了进口以外，我国海南商业化生产的番木瓜也很难有不是转基因的，除非你这辈子不吃番木瓜。在前面讲课时我已经说了，在我国经审批允许种植的转基因作物至今就只有棉花和番木瓜在大田生产中应用。

其实在中国科学家手里还有一批很好的成果，在等待审批的结果，我们不能老看着人家一个个品种出来，而我们只能放在科研院所的实验室或试验田里自我欣赏，他们也感到很无奈。我们大批进口转基因大豆、玉米，却不能种植我国科学家自己研发的转基因玉米和大豆。所以我们也一直在呼吁中国应该理性、科学地思考转基因作物在我国农业生产中的作用。

现在常听到有人问，紫薯、紫山药、紫米、紫卷心菜、彩色甜椒是否都是转基因的，网络上还有宣传凡是没看见过的都是转基因的，这在公众的生活中造成了很大的恐慌。很多人也许不知道，在没有转基因之前这些就都已有了，只是紫薯、紫山药、紫米等作物产量相对较低，以及以前公众对它们的营养价值也没有现在那么看重。

前几年广西有个报道，说广西大学生体检，男生精子数目降低，是因为吃了美国引进的转基因玉米。事实是，广西进口了美国的玉米种子，但不是转基因的，广西大学生的体检结果与吃玉米毫无关系。同学们可以想想今天我们的大学生每天的主食中有多少玉米？我后来也跟媒体讲了，很多人也许都不知道一个基本的事实，第二次世界大战以后，先是在欧美发达国家发现男性公民的精子数目不断减少，研究表明这是环境污染引起的。人类大量使用塑料和合成化学用品，在工业生产和垃圾焚烧过程中，都会在环境中形成一类称作"环境激素"的物质（如有机氯化物中的二噁英类、多氯联苯、DDT、五氯酚、六六六等），这类物质会干扰人体及动物的内分泌系统，影响激素的分泌，其中一些表现出具有弱的雌性激素作用。人们把在自然界发现的一些鱼类及蛙类雄性个体的雌性化归结为"环境激素"的影响。所以，也有一些科学幻想说未来的世界要变成全是雌的了，包括人，是否将会都变成女性、没有男性了？这是幻想出来的，也在一定程度上渲染了这个事情，造成恐慌，但是这跟转基因没有关系。

我们中国的科学家应学会如何向公众作科普。但也出现了一些问题，如前几年，谁要讲转基因讲得多了，网上就在政治上给他套上"汉奸""卖国贼"的大帽子，使得那些从国外学成回国从事或支持转基因研发的科技专家不愿公开发声。我们应该营造一个理性的、以科学为依据的讨论环境。中国社会缺乏这种理性的东西，爱走极端。对于转基因作物、转基因食品，随着舆论环境的改善，通过传播科学的真相，公众，首先是接受过高等教育的大学生，会更好地理解这一新的科学技术给农业带来的变化，转基因作物、转基因食品也会为更多的人逐步接受。

『华大讲堂』第 59 讲

主讲人：李君如

时　间：2016 年 4 月 27 日 9:00

地　点：陈嘉庚纪念堂科学厅

发展新理念和中国大趋势

人物简介

　　李君如　1972年毕业于上海师范大学政史系，研究员、博士生导师，享受国务院政府特殊津贴，第十届全国政协委员，第十一届全国政协常委。曾任中宣部理论局副局长、中央党史研究室副主任、中央党校副校长。

　　主持起草《邓小平同志建设中国特色社会主义理论学习纲要》《建设中国特色社会主义若干重大问题理论学习纲要》。发表《邓小平的"治国论"》等数百篇论文，其中《邓小平的"中国特色社会主义论"》《邓小平的管理思想和领导艺术》荣获全国"五个一工程"精神产品优秀论文奖；著有《观念更新论》等几十部著作，其中由《毛泽东与近代中国》《毛泽东与当代中国》《毛泽东与毛泽东后的当代中国》组成的"毛泽东研究三部曲"获第11届中国图书奖。

　　曾兼任中国马克思主义哲学史学会常务理事，"三个代表"重要思想研究会会长，中国改革开放论坛副理事长，中国中共党史学会副会长，中国政协理论研究会副会长。目前兼任中国人权理论研究会副会长、中直机关侨联主席。

党的十八届五中全会审议通过的关于制定"十三五"规划的建议，不仅为国务院编制规划纲要提供了明确的指导思想、基本原则、目标要求、基本理念和重大举措，而且向世人表达了中国的战略、中国的自信、中国的决心。其中，最让人振奋的是，党中央提出的"以人民为中心的发展思想"和创新、协调、绿色、开放、共享发展的新理念，拨开了妨碍人们认识中国的"雾霾"，这一中国化马克思主义政治经济学的最新成果，展示了中国的前进方向和攻坚克难的大思路、大战略、大趋势。

一 发展新理念和经济新常态

在中国特色社会主义探索过程中，我们不断深化对共产党执政规律、社会主义建设规律、人类社会发展规律的认识，懂得了发展是党执政兴国的第一要务。与此同时，我们也在实践中懂得了在发展中必须形成符合各个阶段发展实际的发展理念。

什么是发展理念？习近平总书记从辩证唯物主义认识论的视角定义了"发展理念"。他引用明末清初著名思想家王夫之的名言："理者，物之固然，事之所以然也。"这里的关键词，是"固然""所以然"两个词。也就是说，"理"是事物固有的，同时又是事物发展的原因。

因此，在经济社会发展过程中，第一，必须按照唯物主义的观点，从实际出发，直面发展新趋势、新机遇和新矛盾，谋划经济社会发展，确立新的发展理念；第二，必须按照唯物辩证法的要求，根据变化了的情况，在新的情况下用新的发展理念引领发展行动。正是在这个意义上，习近平总书记强调："发展理念是发展行动的先导，是管全局、管根本、管方向、管长远的东西，是发展思路、发展方向、发展着力点的集中体现。"[①]

我们党自改革开放以来，不仅毫不动摇地坚持邓小平从社会主义历史经验中概括出来的"发展才是硬道理"，而且始终不渝地从变动的发展实践出发，提出与此相适应的发展理念。比如，邓小平从当时要"抢时间"的要求着眼，提出发展要有比较快的速度，同时也要有质量、有效益、没有水分。江泽民从社会主义市场经济取代计划经济后新的实际出发，提出要保持国民经济持续快速健康发展。胡锦涛从进入21世纪后出现的新情况出发，把"又快又好发展"调整为"又好又快发展"，强调要坚持全面协调可持续发展。也就是说，各个阶段的发展理念，都是从新的实际出发确立的。

从2008年美国次贷危机引发国际金融危机以后，各个国家都被殃及，至今复苏乏力，整个世界经济结构进入了大调整大变动的新阶段。对于中国这样一个发展中大国来说，一方面，我国仍处于可以大有作为的重要战略机遇期；另一方面，我国也面临诸多矛盾叠加、风险隐患增多的严峻挑战。习近平总书记指出，当前我国经济

[①] 2016年1月30日习近平在中共中央政治局第三十次集体学习时讲话，新华社。

发展也呈现速度变化、结构优化、动力转换三大特点[①]。也就是说，增长速度要从高速转向中高速，发展方式要从规模速度型转向质量效益型，经济结构调整要从增量扩能为主转向调整存量、做优增量并举，发展动力要从主要依靠资源和低成本劳动力等要素投入转向创新驱动。他指出："这些变化不依人的意志为转移，是我国经济发展阶段性特征的必然要求。"他把这种状况的经济称为"经济新常态"。与此同时，他也提醒我们不要把什么都叫作"新常态"，我们讲的"新常态"专指"经济新常态"。他强调指出，适应新常态、把握新常态、引领新常态，这是当前和今后一个时期我国经济发展的大逻辑[②]。

针对改革开放以来前所未有的新情况，习近平强调，要深刻认识我国经济发展新特点新要求，着力解决制约经济持续健康发展的重大问题[③]。为此，他提出了创新、协调、绿色、开放、共享的发展新理念。党中央指出，坚持创新发展，着力提高发展质量和效益；坚持协调发展，着力形成平衡发展结构；坚持绿色发展，着力改善生态环境；坚持开放发展，着力实现合作共赢；坚持共享发展，着力增进人民福祉。这五个"着力"，针对的就是经济新常态及其提出的时代课题。也就是说，这五大发展新理念是从经济新常态的实际出发提出来的。

---

① 《学习时报》2015 年 11 月 9 日，第 A8 版。
② 《学习时报》2015 年 11 月 9 日，第 A8 版。
③ 《人民日报》2015 年 6 月 19 日，第 1 版。

二　发展新理念和"以人民为中心"的发展思想

党中央提出创新、协调、绿色、开放、共享五大发展新理念，不仅坚持了理念要从经济社会发展阶段性特征出发的马克思主义世界观和认识论的要求，而且恪守了理念要从最广大人民群众根本利益出发的马克思主义价值观和唯物史观的基本原则。

历史唯物主义强调，人民是推动发展的根本力量，实现好、维护好、发展好最广大人民根本利益是发展的根本目的。因此，中国共产党人始终把全心全意为人民服务这一马克思主义价值观，作为自己全部工作的根本宗旨。改革开放以来，我们党做出的每一个重大决策，都坚持这样的世界观、认识论和价值观。党的十八届五中全会在提出五大发展新理念的时候也强调，必须坚持以人民为中心的发展思想，把增进人民福祉、促进人的全面发展作为发展的出发点和落脚点，发展人民民主，维护社会公平正义，保障人民平等参与、平等发展的权利，充分调动人民的积极性、主动性、创造性。特别是在论述"共享"发展的理念时强调：必须坚持发展为了人民、发展依靠人民、发展成果由人民共享，作出更有效的制度安排，使全体人民在共建共享发展中有更多获得感，增强发展动力，增进人民团结，朝着共同富裕方向稳步前进。这里提出的"以人民为中心"的发展思想，既是正确理解五大发展新理念的关键，也是贯彻落实五大发展新理念的根本要求。也就是说，党中央提出五大发展新理念是以人民为中心的发展理念。

要贯彻好"以人民为中心"的发展思想，必须处理好三个问题。

一是发展同人民利益的关系。发展，是为人民谋利益、谋福祉的，这是我们提出"发展才是硬道理"、强调"发展是党执政兴国第一要务"的根本原因。但是，同所有相互联系的事物都是对立统一的一样，发展与人民利益之间有时也会发生矛盾甚至冲突。在发展与人民利益发生矛盾的时候，我们不能牺牲人民的利益去谋求发展，而要在发展中给人民带来最大的实惠；我们可以把发展最终会给人民带来什么告诉人民群众，教育引导人民群众，而不能在群众没有理解之前强制人民群众接受我们的决策。

二是发展与人权的关系。党的十八届五中全会提出的全面建成小康社会新的目标要求中，有一个要求就是"人权得到切实保障，产权得到有效落实"。发展权是人权，既是整体意义上的人即人民的权利，也是单个人意义上的人的权利。我们之所以强调不能在群众没有理解之前强制人民群众接受我们的决策，就是因为要尊重和保障人权。五中全会强调要发展人民民主，维护社会公平正义，保障人民平等参与、平等发展的权利，讲的就是要在发展中重视人权问题。这个道理，我们许多同志不懂，常常在工作中引起一些不必要的纠纷，以致有些小事最后导致群体性事件，还被国际社会敌对势力所利用。

三是发展与人的全面发展的关系。党中央把"促进人的全面发展"同"增进人民福祉"作为"发展的出发点和落脚点"并列，应该引起我们高度重视。五中全会把"国民素质和社会文明程度显著提高"作为"十三五"发展目标提出来，也是促进人的全面发展的举措。人的全面发展，是科学社会主义的本质要求。在发展中，既要为人民谋利益，也要不断提升人民的素质和能力；既要重视高素质人才的作用，也要创造条件提高所有劳动者的素质和能力。中国在综合国力竞争中，人力资源是最可珍贵的资源，也是最具有潜力的竞争力。现在有一种说法，说我们的劳动力红利已经没有了，这只讲了一面，主要是廉价劳动力红利正在大幅度减少，但是一大批具有较高素质的劳动力正在或已经成为我们创新创业的主力军。因此，作为领导干部必须把"人的全面发展"作为我们工作的出发点和落脚点，充分调动人民的积极性、主动性、创造性。

正是根据"以人民为中心"的发展思想，党的十八届五中全会提出："实现'十三五'时期发展目标，破解发展难题，厚植发展优势，必须牢固树立创新、协调、绿色、开放、共享的发展理念。"这是党中央对邓小平发展理论的重大继承和发展，引领着中国发展的大趋势。

三　发展新理念和发展目标

作为发展行动先导的发展理念，是为发展目标服务的。习近平指出："发展理念搞对了，目标任务就好定了。政策举措也就跟着好定了。"

我们的发展目标是什么？我们的发展有两个相互联系的阶段性目标：一是到 2020 年全面建成小康社会，同时实现工业化；二是到 2050 年基本实现社会主义现代化，把我国建设成为一个富强、民主、文明、和谐的社会主义现代化国家，实现中华民族伟大复兴的中国梦，这就是我们现在常讲的"两个一百年"奋斗目标。这两个目标不是简单分割，而是相互联系的。"十三五"时期特别重要，它既是全面建成小康社会的冲刺阶段、攻坚阶段、决胜阶段，又是为基本实现社会主义现代化打基础的阶段。

与此同时，我们应该认识到，"全面小康"也好，"两个一百年"也好，都是战略目标。在这样的战略目标中，还有一系列分解目标、具体目标。党的十八届五中全会指出，今后5年，要在已经确定的全面建成小康社会目标要求下，努力实现5个新的目标要求。这就是：第一，经济保持中高速增长；第二，人民生活水平和质量普遍提高；第三，国民素质和社会文明程度显著提高；第四，生态环境质量总体改善；第五，各方面制度更加成熟更加定型。这是党的十八届五中全会提出的全面建成小康社会新的目标要求。

要在今后5年实现这五大新的目标，并非易事。其中有一系列复杂而又艰巨的课题，需要我们齐心协力加以破解。

一是经济增长速度问题。

党的十八届五中全会对于全面建成小康社会的经济目标，依然坚持了十八大确定的指标，即到2020年国内生产总值和城乡居民人均收入比2010年翻一番。我们都知道，十八大以来我国经济形势发生了极大的变化，经济下行的压力越来越大。于是，一个问题出现了：到2020年我们能不能完成如此艰巨的任务？这是大家非常关心的问题。五中全会回答了这个问题，只要我们能够保持中高速增长，就可以达标。

什么叫"中高速增长"？国内外主要研究机构普遍认为，"十三五"时期我国年均经济潜在增长率为6%～7%，这大体是我们所讲的"中高速增长"。习近平总书记在会上对"中高速增长"作了专门的说明，他指出，提出经济保持中高速增长的目标主要考虑的是确保到2020年实现国内生产总值和城乡居民人均收入比2010年翻一番的目标，必须保持必要的增长速度①。他算过一笔账：从国内生产总值翻一番看，2016～2020年经济年均增长底线是6.5%以上。从城乡居民人均收入翻一番看，2010年城镇居民人均可支配收入和农村居民人均纯收入分别为19109元和5919元。到2020年翻一番，按照居民收入增长和经济增长同步的要求，"十三五"时期经济年均增长至少也要达到6.5%。这样的预期能不能实现？习近平总书记分析了国内外经济形势以及我国要采取的政策措施，得出了这样的结论：综合来看，我国经济今后要保持7%左右的增长速度是可能的，但面临的不确定性因素也比较多。这是两句话，一句是有可能保持中高速增长，另一句是有不确定因素。显然，这是一个慎重的结论，是一个需要我们共同来努力实现的目标。这也是今天要提出发展新理念的主要原因。

二是农村贫困人口脱贫问题。

农村贫困人口脱贫，是我们全面建成小康社会的突出短板。习近平总书记说，我们不能一边宣布全面建成了小康社会，另一边还有几千万人的生活水平处在扶贫标准线以下，这既影响人民群众对全面建成小康社会的满意度，也影响国际社会对我国全面建成小康社会的认可度②。因此，党的十八届五中全会对于全面建成小康社会的社会建设目标，在扶贫问题上比十八大确定的目标大大提升了。十八大的目

---

① 《中共中央关于制定国民经济和社会发展第十三个五年规划的建议》，《人民日报》2015年11月4日，第1版。
② 《关于〈中共中央关于制定国民经济和社会发展第十三个五年规划的建议〉的说明》，《人民日报》2015年11月4日，第2版。

标是"扶贫对象大幅减少"，十八届五中全会的目标是：我国现行标准下农村贫困人口实现脱贫，贫困县全部"摘帽"，解决区域性整体贫困。这确实是一个鼓舞人心又催人奋进的新要求。

我们有句口号，"全面小康，一个都不能少"。谁不能少？农村贫困人口一个不能少，也要全部进入小康社会。但是，我们都知道，农村贫困人口脱贫是全面建成小康社会最艰巨的任务。对于十八届五中全会提出的这一目标任务，各地党委政府十分重视，各民主党派和工商联十分重视，各人民团体和社会组织也十分重视，大家都要为实现这一全面脱贫目标作贡献。与此同时，也有人问这个目标能不能实现，表示某种担心和疑虑。习近平总书记在五中全会上回答了这个问题。归纳他的论述，主要是四点。第一点，是贫困标准。我国现行脱贫标准是农民年人均纯收入按 2010 年不变价格计算为 2300 元，2014 年现行脱贫标准为 2800 元，若按每年 6% 的增长率调整，2020 年全国脱贫标准约为人均纯收入 4000 元。第二点，是农村贫困人口基数。这两年来，为实现精准扶贫、精准脱贫，各地组织工作队在农村入户登记，建档立卡，工作做得非常细。按照现行的贫困标准，到 2014 年末全国还有 7017 万农村贫困人口。第三点，是总体分析。根据以往脱贫减贫经验，2011 ~ 2014 年，我国每年农村脱贫人口分别为 4329 万、2339 万、1650 万、1232 万。因此，习近平总书记说，通过采取过硬的、管用的举措，今后每年减贫 1000 万人的任务是可以完成的。第四点，是具体分析。7017 万农村贫困人口如何全部脱贫？贫困县如何全部"摘帽"？区域性整体贫困如何全部解决？习近平总书记算了一笔细账：到 2020 年，通过产业扶持，可以解决 3000 万人脱贫；通过转移就业，可以解决 1000 万人脱贫；通过易地搬迁，可以解决 1000 万人脱贫，总计 5000 万人左右。还有 2000 多万完全或部分丧失劳动能力的贫困人口，可以通过全部纳入低保覆盖范围，实现社保政策兜底脱贫。因此，他的结论是：通过实施脱贫攻坚工程，实施精准扶贫、精准脱贫，7017 万农村贫困人口脱贫目标是可以实现的。

在理解这个问题的时候，还可以把农村贫困人口脱贫问题同今后 5 年户籍人口城镇化率加快提高联系起来。具体来说，就是党中央确定的，使 1 亿左右农民工和其他常住人口在城镇定居落户。这 1 亿人主要指农村学生升学和参军进入城镇的人口、在城镇就业和居住 5 年以上和举家迁徙的农业转移人口，这也是十八届五中全会的重要决策。我们都知道，在农村，只要家里有一个人进城打工或者有一个孩子升学进城并就业，就可以加速脱贫。因此，这 1 亿左右农民工和其他常住人口在城镇定居落户，是完成 7017 万农村贫困人口脱贫任务的重要组成部分。

三是金融风险防范问题。

党的十八届五中全会在论述经济保持中高速增长这一目标要求时，强调实现全面建成小康社会经济指标的基础，是提高发展平衡性、包容性、可持续性，这是一个十分重要的问题，其实质不仅是要破解经济新常态下各种问题，做好补齐短板这篇大文章，而且是要防范预料到的和没有预料到的各种风险，提高抵御风险的能力。在我们面临的各种风险中，尤其要重视金融风险问题。因此，习近平总书记在五中全会专门讲了"关于加强统筹协调，改革并完善适应现代金融市场发展的金融监管框架"这一重大问题。

邓小平经济理论强调，金融是现代经济的核心。随着我国现代化建设和改革开放的深化，工业资本和金融资本的结合越来越紧密，金融已经在很大程度上影响甚至决定着经济健康发展。与此同时，现代金融发展呈现机构种类多、综合经营规模大、产品结构复杂、交易频率高、跨境流动快、风险传递快、影响范围广等特点，由此决定了在金融领域发生危机的概率越来越高。在国际金融危机爆发后，美国和欧洲许多国家都加大了金融监管体系改革力度，核心是提高监管标准、形成互为补充的监管合力和风险处置能力。

直面我国金融市场的运行和金融机构的发展情况，正如五中全会所概括的：近年来，我国金融业发展明显加快，形成了多样化的金融机构体系、复杂的产品结构体系、信息化的交易体系、更加开放的金融市场，特别是综合经营趋势明显，这对现行的分业监管体制带来重大挑战。习近平总书记指出，近来频繁显露的局部风险特别是近期资本市场的剧烈波动，说明现行监管框架存在不适应我国金融业发展的体制性矛盾，也再次提醒我们必须通过改革保障金融安全，有效防范系统性风险。要坚持市场化改革方向，加快建立符合现代金融特点、统筹协调监管、有力有效的现代金融监管框架，坚守住不发生系统性风险的底线①。

要全面建成小康社会，加快推进社会主义现代化，深化金融监管体制改革是一个十分重要的条件。党的十八届三中全会已经提出了完善监管协调机制的改革任务，与此同时，国际社会应对金融危机的经验也值得我们重视。习近平总书记在五中全会上指出，国际社会的主要做法都值得我们研究和借鉴，包括统筹监管系统重要金融机构和

① 《关于〈中共中央关于制定国民经济和社会发展第十三个五年规划的建议〉的说明》，《人民日报》2015 年 11 月 4 日，第 2 版。

金融控股公司，尤其是负责对这些金融机构的审慎管理；统筹监管重要金融基础设施，包括重要的支付系统、清算机构、金融资产登记托管机构等，维护金融基础设施稳健高效运行；统筹负责金融业综合统计，通过金融业全覆盖的数据收集，加强和改善金融宏观调控，维护金融稳定。这"三个统筹"，我们要好好研究和借鉴。

我们提出要牢固树立和坚决贯彻创新、协调、绿色、开放、共享的发展新理念，就是解决我们面临的各种问题、短板、风险的科学理念，就是实现全面建成小康社会新的目标要求的科学理念。

四 发展新理念和国家治理体系治理能力现代化

全面建成小康社会，归根到底，要靠制度保障；落实创新、协调、绿色、开放、共享发展新理念，归根到底，要靠完善和发展中国特色社会主义制度，推进国家治理体系和治理能力现代化。

党的十八届五中全会在论述发展新理念与发展目标的关系时，引人注目地强调全面建成小康社会新的目标要求包括"各方面制度更加成熟更加定型"。这个问题，十八大是作为政治体制改革的任务提出来的，十八届三中全会是作为全面深化改革的总目标提出来的，非常重要。由此决定了我们研究发展新理念，要同全面深化改革特别是制度改革有机地结合起来。

我们的发展，是在改革推动下发展的。党的十一届三中全会以来，我们在各个方面改革旧体制，建立新制度，做了大量工作。但什么时候我们的改革能够在各方面形成一整套更加成熟更加定型的制度呢？邓小平在1992年南方谈话中提出的时间表是，再有30年时间，也就是到2020年左右。十八大决定把邓小平提出的制度"更加成熟更加定型"这八个字写进党代会报告，意味着这一任务已经被提上议事日程。那么，什么叫"更加成熟更加定型"的制度呢？习近平总书记创造性地回答了这个问题，提出要以国家治理体系和治理能力现代化为总要求来完善和发展中国特色社会主义制度，这就是党的十八届三中全会提出的全面深化改革的总目标。过去我们讲过很多现代化，包括农业现代化、工业现代化、科技现代化、国防现代化等，但国家治理体系和治理能力现代化是第一次讲。习近平总书记所说的"国家治理"是一个不同于传统意义上"统治"和"管理"的新概念。现代政治学认为，国家治理体系现代化已经不是一般意义上讲的规章制度完善问题，而是以民主和法治两个轮子推进的国家制度现代化问题。这种国家治理体系现代化的大思路，既坚持又发展了邓小平的制度改革理论，意味着我们的制度改革进入了一个全新的阶段。

纵观当今世界的综合国力竞争，从经济实力竞争发展到科技实力竞争、国防实力竞争，已经深入国家制度竞争，特别是国家治理体系的竞争。现在，已经有许多国家的政治家和学者提出，中国能够在那么短的时间内成为世界第二大经济体，和中国制度包括中国共产党的领导制度、中国的政治体制有直接的关系，特别是高效率的领导制度、有特色的民主协商制度等，越来越为世界所瞩目。正如习近平总书记所说的：我国政治稳定、经济发展、社会和谐、民族团结，同世界上一些地区和国家不断出现乱象的局面形成了鲜明对照。与此同时，习近平总书记也强调，"相比当今世界日趋激烈的国际竞争，我们在国家治理体系方面还有许多不足，有许多亟待改进的地方。我们要赢得综合国力竞争，还是要靠国家治理体系和治理能力现代化"。

和西方所讲的"政府治理体系"不同，我们所讲的"国家治理体系"是在党的领导下管理国家的制度体系，包括经济、政治、文化、社会、生态文明和党的建设等各领域的体制机制、法律法规安排，也就是一整套紧密相连、相互协调的国家制度。推进国家治理体系现代化就是要适应时代变化，既改革不适应实践发展要求的体制机制、法律法规，又不断构建新的体制机制、法律法规，使各方面制度更加科学、更加完善，实现党、国家、社会各项事务管理制度化、规范化、程序化。

需要强调的是，党的十八届三中全会确定的全面深化改革总目标，在强调推进国家治理体系现代化的同时，引人注目地提出了"治理能力现代化"问题。习近平总书记揭示了这两者的辩证关系，指出"国家治理体系和治理能力是一个有机整体，相辅相成，有了好的国家治理体系才能提高治理能力，提高国家治理能力才能充分发挥国家治理体系的效能"。他特别强调，"只有以提高党的执政能力为重点，尽快把我们各级干部、各方面管理者的思想政治素质、科学文化素质、工作本领都提高起来，尽快把党和国家机关、企事业单位、人民团体、社会组织等的工作能力都提高起来，国家治理体系才能更加有效运转"① 。最近，习近平总书记批示，要重温毛主席的《党委会的工作方法》，也着眼于提高我们各级党委和各级干部的治国理政能力，可见他非常重视能力建设问题。他说过，制度执行力、治理能力已经

_____

① 《以中国逻辑建设一个坚强的政党》，《中国青年报》2017 年 8 月 28 日，第 2 版。

成为影响我国社会主义制度优势充分发挥、党和国家事业顺利发展的重要因素 ① 。如果没有治理能力建设，再好的制度、再好的国家治理体系都只是一纸空文。

今天，要全面论述创新、协调、绿色、开放、共享的发展新理念，也有一个制度和能力问题。习近平总书记尖锐地指出，我们现在存在"本领不足、本领恐慌、本领落后"的问题。习总书记说，在我们党内相当范围里，存在"新办法不会用，老办法不管用，硬办法不敢用，软办法不顶用"这样一种状况，这不能不引起我们重视。因此，他强调，要更加注重治理能力建设，增强按制度办事、依法办事意识，善于运用制度和法律治理国家，把各方面制度优势转化为管理国家的效能，提高党科学执政、民主执政、依法执政的水平 ② 。

五　发展新理念和中国创新驱动发展大趋势

党的十八届五中全会提出的创新、协调、绿色、开放、共享发展新理念的现实意义，用一句话来概括：它是我们破解经济新常态下各种问题，全面建成小康社会，并实现"两个一百年"奋斗目标的行动先导，指明了中国发展的大趋势。这一发展新理念指明了破解经济新常态下各种问题的根本路径，展示了中国在创新驱动下国民经济持续

---

① 《深刻理解全面深化改革总目标》，《人民日报》2014 年 2 月 19 日，第 1 版。

② 《习近平在中央党校建校 80 周年庆祝大会暨 2013 年春季学期开学典礼上的讲话》，《人民日报》2013 年 3 月 3 日，第 1 版。

健康发展的大趋势。

我国 1978 年开始改革开放时，GDP 总量是 3645 亿元，人均 227 美元。到 2014 年，我国经济总量为 63.6 万亿元，折合 10.3 万亿美元，人均 7590 美元。根据初步测算，到 2020 年 GDP 年均可望增长 6.5%～7%，比 2010 年翻一番，人均 GDP 超过 1 万美元。1978～2010 年我国 GDP 年均增长 9.98%，连续 30 多年保持高速增长，但现在我们遇到了经济下行的压力，这两年开始减速。我们认为，经济新常态表面上是速度问题，实际上是结构调整的问题。我们注意到，这两年东部地区下行偏多，中西部地区还有增长的。东部地区有下行的，也有较快增长的，如深圳。还有像重庆这样的直辖市，是两位数增长。它们的经验是什么？就是比较自觉、比较早地开始经济结构调整，十分重视创新驱动。党中央提出的创新、协调、绿色、开放、共享发展新理念，其理论贡献和新的亮点就是突出用创新驱动取代要素驱动，增强发展的内在动力。

五中全会提出把创新作为引领发展的第一动力，丰富和发展了中国特色社会主义动力理论。我们以往常讲，改革是动力。改革是从破除上层建筑对生产关系、生产关系对生产力的束缚方面推动生产力发展，创新是从生产力内部的结构性变革推动生产力发展。习近平总书记深入分析了综合国力与科技进步、经济规模与资源制约、科技创新与产业更新等问题，针对性地提出要用创新驱动取代要素驱动这一深刻问题，为适应经济新常态、推进中国持续健康发展指出了一条新路。党的十八届五中全会一方面重申"改革是发展的强大动力"，另一方面强调"创新是引领发展的第一动力"。这样就从上层建筑、生产关系和生产力三个方面发力，形成了中国特色社会主义的动力系统理论。

关于创新问题，习近平总书记有相当深入的思考和研究，提出了许多极其重要的新思想。

一是强调"综合国力的竞争说到底是创新的竞争"。习总书记指出："要深入实施创新驱动发展战略，推动科技创新、产业创新、企业创新、市场创新、产品创新、业态创新、管理创新等，加快形成以创新为主要引领和支撑的经济体系和发展模式。"[①] 这是他 2015 年 5 月 27 日在浙江召开华东 7 省市党委主要负责同志座谈会上提出的。2015 年 7 月 17 日，他在长春召开部分省区党委主要负责同志座谈会时还说过，要深入实施创新驱动发展战略，把推动发展的着力点更多放在创新上，发挥创新对拉动发展的乘数效应。抓创新就是抓发展，谋创新就是谋未来。不创新就要落后，创新慢了也要落后。要激发调动全社会的创新激情，持续发力，加快形成以创新为主要引领和支撑的经济体系和发展模式 [②]。

二是强调"谁牵住了科技创新这个牛鼻子，谁走好了科技创新这步先手棋，谁就能占领先机、赢得优势"[③]。这是 2014 年 5 月 24 日习总书记在上海考察调研时的讲话。2013 年 7 月 17 日他在中国科学院考察时也强调，科技兴则民族兴，科技强则国家强，要结合实际坚持运用我国科技事业发展经验，积极回应经济社会发展对科技发展提

---

① 《抓住机遇　立足优势　积极作为　系统谋划"十三五"经济社会发展》，《人民日报》2015 年 5 月 29 日，第 1 版。

② 《加大支持力度　增强内生动力　加快东北老工业基地振兴发展》，《人民日报》2015 年 7 月 20 日，第 1 版。

③ 《当好全国改革开放排头兵　不断提高城市核心竞争力》，《人民日报》2014 年 5 月 25 日，第 1 版。

出的新要求，深化科技体制改革，增强科技创新活力，集中力量推进科技创新，真正把创新驱动发展战略落到实处 ① 。他在上海还说过，当今世界，科技创新已经成为提高综合国力的关键支撑，成为社会生产方式和生活方式变革进步的强大引领。要牢牢把握科技进步大方向，瞄准世界科技前沿领域和顶尖水平，力争在基础科技领域有大的创新，在关键核心技术领域取得大的突破；要牢牢把握产业革命大趋势，围绕产业链部署创新链，把科技创新真正落到产业发展上；要牢牢把握集聚人才大举措，加强科研院所和高等院校创新条件建设，完善知识产权运用和保护机制，让各类人才的创新智慧竞相迸发。

三是强调"企业是创新主体，掌握了一流技术，传统产业也可以变为朝阳产业"。这是习总书记 2013 年 11 月在山东考察期间提出的重要思想。他当时还说："要深入实施以质取胜和市场多元化战略，支持有条件的企业全球布局产业链，加快形成出口竞争新优势，提高抵御风险能力。"② 2015 年 5 月 26 日，在浙江杭州高新区视察时，习近平总书记进一步指出，企业持续发展之基、市场制胜之道在于创新，各类企业都要把创新牢牢抓住，不断增加创新研发投入，加强创新平台建设，培养创新人才队伍，促进创新链、产业链、市场需求有机衔接，争当创新驱动发展先行军 ③ 。

---

① 《深化科技体制改革 增强科技创新活力 真正把创新驱动发展战略落到实处》，《人民日报》2013 年 7 月 18 日，第 1 版。

② 《认真贯彻党的十八届三中全会精神 汇聚起全面深化改革的强大正能量》，《人民日报》2013 年 11 月 29 日，第 1 版。

③ 《抓住机遇 立足优势 积极作为 系统谋划"十三五"经济社会发展》，《人民日报》2015 年 5 月 29 日，第 1 版。

四是强调"要积极营造有利于创新的政策环境和制度环境，对看准的、确需支持的，政府可以采取一些合理的、差别化的激励政策"。这是习总书记在长春讲的。2015年3月5日，在参加十二届全国人大三次会议上海代表团审议时，他也说过：要进一步解放思想、大胆实践，披坚执锐、攻坚克难，加强整体谋划、系统创新，着眼国际高标准贸易和投资规则，使制度创新成为推动发展的强大动力。要加大金融改革创新力度，增强服务我国经济发展、配置全球金融资源能力①。

这些重要思想是对习近平总书记强调的"创新发展"新理念最好的解读。联系我们党和政府这几年大力推进的"大众创业、万众创新"实践，创新发展正在成为当今中国发展的大趋势。

六　发展新理念和中国为实现第一个百年目标奋斗的大趋势

党的十八届五中全会提出的创新、协调、绿色、开放、共享发展新理念，是全面建成小康社会决胜阶段的决胜之策，展示了中国在全面深化改革中实现第一个百年奋斗目标的大趋势。

党的十六大提出，要紧紧抓住21世纪头20年这一重要战略机遇期全面建设小康社会。这一重要奋斗目标，丰富和发展了邓小平提出的"三步走"发展战略，也是我们党对人民群众庄严的、郑重的政治

---

① 《当好改革开放排头兵　创新发展先行者　为构建开放型经济新体制探索新路》，《人民日报》2015年3月6日，第1版。

承诺。"十三五"时期，是全面建成小康社会的最后五年，是冲刺阶段、攻坚阶段、决胜阶段。与此同时，我们认识到当前发展还面临许多问题，即"短板"，包括多年发展中积累的农村贫困、社会事业发展滞后、生态保护不力、民生欠账较多等问题。党的十八届五中全会提出的创新、协调、绿色、开放、共享发展新理念，针对的、要解决的就是这些问题。

从当前来讲，要落实创新、协调、绿色、开放、共享发展新理念，完成全面建成小康社会决胜阶段的各项任务，有三大问题尤其要重视。

1. 供给与需求的结构性问题

在深化经济体制改革过程中，要把重点放到结构性改革上来，特别是要推进供给侧结构性改革。这一问题在 2015 年经济工作会议上提出来以后，有人把它解读为西方供给学派的主张，这不是我们党中央所讲的供给侧结构性改革，我们的主张有"结构性"这三个字，叫"供给侧结构性改革"，是在供给与需求之间，根据老百姓的需求，提供精准的供给服务。我们现在面临的问题很怪，在供给与需求之间，既要解决供过于求的问题，又要解决供给不足的问题，这是一个结构性的问题，解决起来非常难。比如，一方面我们现在产能过剩，这是我们都注意到的现象，所以要去产能、去库存、去杠杆，等等；但另一方面，老百姓利用节假日到国外（境外）去，采购马桶盖等生活用品。为什么一方面过剩？一方面又到外面花外汇去采购这些日常生活用品？这说明老百姓需要的许多生活用品我们还提供不了，这就需要从供给侧进行改革。因此，中央把改革的重点放在结构性改革上，把结构性改革的重点放在供给侧结构性改革上。

今年3月8日，习近平总书记与全国人大湖南代表团谈到供给侧结构性改革时，讲了一段十分重要的话。他说，推进供给侧结构性改革，是一场硬仗。要把握好"加法"和"减法"、当前和长远、力度和节奏、主要矛盾和次要矛盾、政府和市场的关系 ① 。这是对供给侧结构性改革最全面最深入的一次讲话。他首先讲，这是"一场硬仗"，不可掉以轻心。如何打好这一仗呢？他强调要处理好五大关系，即"加法"和"减法"的关系、当前和长远的关系、力度和节奏的关系、主要矛盾和次要矛盾的关系、政府和市场的关系。这对打好这"一场硬仗"具有重要的指导意义，在湖南代表团讲更有意义。我们知道，湖南是我国农业大省、粮食大省，为我国粮食生产作出了很大贡献。但是这两年一方面国内粮食生产供过于求，另一方面境外大米又大量流入国内市场，这就出现了"供过于求"与"供给不足"并存的问题。解决"供过于求"的问题，要做"减法"；解决"供给不足"的问题，要做"加法"。无论做"加法"，还是做"减法"，都有难度。做"加法"，要创新，要靠科技创新和教育发展，这是我们的短板；做"减法"，会伤筋动骨，如有的企业要关停、员工要转岗，难度很大。为此，除了要把握好这个关系，习近平总书记提出还要把握好当前和长远的关系，特别是我们在做"减法"的时候，既要考虑当前的问题，也要考虑长远的发展，这很重要。把握好力度和节奏的关系也很重要，在做"减法"时，力度要恰当，如员工在下岗转岗时要考虑他们的培训条件、生活待遇等问题，要把握好节奏，千万不能出问题。同时，要把握好主要矛盾和次要矛盾的关系、政府和市场的关

① 《打赢供给侧结构性改革这场硬仗（热议）》，《人民日报》2016年3月9日，第1版。

101

系，这些都关系到供给侧结构性改革的成功。习近平总书记提出这五大关系，说明中央对这场改革的问题、重点、难点都想清楚了，这是打赢这场"硬仗"的根本保证。

李克强总理最近也说过，目前虽然一些行业市场需求有所好转，但调结构的劲儿不能松，必须加快改造提升传统动能，淘汰落后产能，消化钢铁、煤炭等过剩产能，安排好这个过程中一些职工转岗和保障基本生活工作。他强调，要扩大积极因素，保持经济运行在合理区间，必须持续推进结构性改革尤其是供给侧结构性改革[①]。一要继续简政放权，现在各地区各部门简政放权空间依然较大，既要把今年已确定的削减下放审批事项尽快落实到位，又要针对企业、群众期盼自我加压，加快清除那些束缚办事创业手脚的绳索。二要推进减税，坚决打赢全面实施营改增试点改革攻坚战，切实做到所有行业税负只减不增，特别是使小微企业获得实惠。三要实施降费，支持各地从实际出发，在国家统一框架下，阶段性降低"五险一金"，加大清理各种不合理收费力度，减轻企业负担。四要激励创新，推动"大众创业、万众创新"蓬勃发展，搭建更多开放平台，提供更优服务，助力新经济成长，壮大新动能力量。五要保持市场流动性合理充裕，更好地畅通金融支持实体经济传导机制，用市场化债转股等方式逐步降低企业杠杆率。

2. "绿色"与"发展"的平衡问题

除了结构性改革，还有一些深层次的问题，也要在全面建成小康社会这最后 5 年中解决，其中一个十分重要但又容易被人忽视的问题

① 《坚定信心促改革　上下合力抓发展　为经济持续稳中向好蓄能增势》，《人民日报》2016 年 4 月 12 日，第 1 版、第 4 版。

就是如何落实"绿色发展"新理念。

　　绿色发展，是十八届五中全会提出的发展新理念中的重要理念。绿色发展要解决的，是生态文明问题。我们知道，在我国，污染不仅有大气污染，还有水污染、土壤污染，这三大污染严重危害我们的民生，危害我们民族的生存发展。习近平总书记把"绿色"与"发展"联系起来，丰富和发展了邓小平关于"发展才是硬道理"的思想。长期来，我们讲发展，有两个误区，一是把发展等同于增长，等同于GDP；二是把发展经济与保护生态对立起来，牺牲"绿水青山"谋求"金山银山"。从我国提出建设资源节约型、环境友好型社会到强调人与自然和谐相处，把生态文明建设纳入中国特色社会主义事业总布局，从理论上讲这个问题似乎已经解决了，但在实践中，"绿水青山"与"金山银山"的关系怎么处理，长期以来是一个难题。贫困地区大部分是绿水青山，但它们要发展，也要致富，我们的许多大道理解决不了它们的实际困难。10年前，习近平在主政浙江时提出了一个全新的理念——"绿水青山就是金山银山"。他是在湖州余村提出这个理念的，那里的实践证明，农民可以靠绿水青山致富。习近平总书记关于"绿水青山"与"金山银山"、"绿色"与"发展"辩证统一思想，简单地说就是要尊重绿色发展规律，坚持绿色发展理念，探索绿色发展途径，创造绿色发展效益。这是一个吸取历史教训、立足当前现实、面向美好未来的全新发展思想，解决了多年来困惑我们的一个大问题。

　　不久前，习近平总书记在重庆阐述长江经济带发展战略时，进一步发挥了这一重要思想。推进长江经济带建设，是"十三五"规划中的三大战略之一，这三大战略都体现了创新、协调、绿色、开放、共享的发展新理念。中央对长江经济带建设强调三点：一是改善长江流域生态环境，二是高起点建设综合立体交通走廊，三是引导产业优化布局和分工协作。这三大任务，集中起来就是习近平总书记在重庆提出的长江经济带建设的核心思想：尊重三大规律，创造三大效益。尊重三大规律，就是要尊重自然规律、经济规律和社会规律；创造三大效益，就是要使绿水青山产生巨大的生态效益、经济效益和社会效益。这是全面建成小康社会的重要行动指南。

3. 内外协调发展问题

改革开放 30 多年来，有一个问题一直困扰着我们，即发展的不平衡问题。尽管我们懂得在发展中不平衡是绝对的，平衡是相对的，但是在现实生活中，如果东中西部、南北之间的差距不断扩大，就会影响人民群众的积极性和国家的整体发展，影响我们战略目标的实现。

为此，党的十八届五中全会重申，要促进协调发展。党中央强调，"协调是持续健康发展的内在要求"，"重点促进城乡区域协调发展，促进经济社会协调发展，促进新型工业化、信息化、城镇化、农业现代化同步发展"。值得注意的是，党中央把开放发展和协调发展结合起来，通过完善对外开放区域布局，在继续支持东部沿海地区全面参与全球经济合作和竞争的同时，加强中西部内陆沿边地区口岸基础设施建设，开辟跨境多式联运交通走廊，发展外向型产业集群，形成各有侧重的对外开放基地，以向西开放促进中西部地区改革发展。

坚持对内协调发展、对外开放发展，是全面建成小康社会的一个重要举措。通过协调发展实施"京津冀一体化""长江经济带"战略，通过开放发展推进"一带一路"，这是极其重要的发展思路。而且，

与以往的五年规划相比，"十三五"规划第一次在全球视野下制定规
划，第一次把像"一带一路"这样的倡议写进经济社会发展五年规划
中，是有重大历史意义的大事。

综上所述，党中央提出的创新、协调、绿色、开放、共享发展新
理念，是全面建成小康社会决胜阶段的决胜之策，向世人展示的是中
国在全面深化改革中实现第一个百年奋斗目标的大趋势。

七　发展新理念和中国充满自信奔向
现代化的大趋势

党的十八届五中全会提出的创新、协调、绿色、开放、共享发
展新理念，同时也是协调推进"四个全面"战略布局，实现"两个
一百年"奋斗目标的行动指南，展示了中国充满自信奔向现代化的
大趋势。

也就是说，这样的发展新理念，不仅将指导我们解决经济新常
态下的各种问题，指导我们制定和完成"十三五"规划，而且将指
导我们实现"两个一百年"奋斗目标，实现民族复兴的"中国梦"。
"十三五"规划是连接"两个一百年"，即实现"第一个一百年"目标
并为"第二个一百年"打下坚实基础的发展纲要。事实上，我们这次
编制"十三五"规划的任务，不仅要完成全面建成小康社会的奋斗目
标，还要为这以后30年基本实现现代化打下坚实的基础。

为实现"两个一百年"的奋斗目标和"中国梦"，以习近平为总
书记的党中央十八大以来励精图治，谋篇布局，先是提出了"四个全

105

面"战略布局,现在又提出了创新、协调、绿色、开放、共享发展新理念。这一发展新理念,是我们协调推进"四个全面"战略布局,实现"两个一百年"奋斗目标和"中国梦"科学理念,展示了中国充满信心奔向现代化的大趋势。

为什么这样说呢?中国要实现"两个一百年"的奋斗目标和"中国梦",必须全面建成小康社会,全面深化改革,全面依法治国,全面从严治党。这"四个全面"是我们今天抓住机遇、应对挑战的"定海神针"。与此同时,我们也清醒地意识到,只有协调推进这"四个全面",才能使之成为一个整体,发挥战略布局的功能和作用。而要协调推进这"四个全面",就要正确处理好三个关系。一是全面建成小康社会的战略目标与全面深化改革、全面依法治国、全面从严治党这三大战略举措的关系,即"1"与"3"的关系。无论全面深化改革,还是全面依法治国、全面从严治党,都必须围绕和服务于全面建成小康社会这一战略目标。二是全面建成小康社会、全面深化改革与全面依法治国、全面从严治党的关系,即"2"与"2"的关系。处理好这一对关系的实质,就是既要"搞活",又要"治乱"。也就是说,在改革发展中,我们要把社会内在的生机和活力激发出来,但是搞活绝不能搞乱,同时"治乱"也绝不能"治死","治乱"是为了更好地搞活。三是全面建成小康社会、全面深化改革、全面依法治国与全面从严治党的关系,即"3"与"1"的关系。过去有些人以"改革""发展"为名,违背党的宗旨、离开党的规矩,胡作非为,甚至贪赃枉法,走向腐败的深渊。党的十八大后在"治乱"时又出现了"不作为"的现象,有些干部说他们不是"不作为",是现在"难作为",因此在贯彻"四个全面"战略布局时,必须处理好"3"与"1"

的关系，反对"乱作为"，克服"不作为"，破解"难作为"，做到"大作为"。怎么才能协调处理好"四个全面"中这三对关系？这需要辩证唯物主义的方法论和领导艺术，需要完善党纪国法，同时应该认识到，不管做什么，都必须始终坚持把发展作为第一要务，坚持创新、协调、绿色、开放、共享的发展新理念。这是十八届五中全会精神中最重要的内容。

要理解这一点，必须认识到"四个全面"的战略目标——"全面小康"，是经济、政治、文化、社会、生态文明建设"五位一体"的小康，而这"五位一体"不是五元论或多元论，而是以发展为第一要务、以经济建设为中心的，历史唯物主义一元论意义上的"五位一体"。但有的同志在党中央提出某一项新任务时，就会忘记"中心"、偏离"第一要务"。比如，前几年党中央提出要把社会建设摆在更加突出的位置，于是就有人提出要以社会建设为中心取代以经济建设为中心，这就从根本上动摇了党的基本路线，偏离了中国特色社会主义道路。党的十八届五中全会提出的创新发展、协调发展、绿色发展、开放发展、共享发展新理念，把"发展"作为"五位一体"之"体"突出出来，特别是把生态文明建设和社会建设都归位于"发展"，这就不仅有利于防止和克服忘记"中心"，甚至偏离"第一要务"的错误倾向，而且能够以发展为"硬道理"、以经济建设为中心，把中国特色社会主义"五位一体"的总布局和党中央治国理政"四个全面"战略布局中各个组成部分连接起来，使之成为一个有机的整体。这就是党的十八大所强调的：只有推动经济持续健康发展，才能筑牢国家繁荣富强、人民幸福安康、社会和谐稳定的基础。必须坚持发展是硬道理的战略思想，绝不能有丝毫动摇。

上面这７个问题，前４个问题分别论述了发展新理念提出的根据、中心、目标和实现发展新理念的根本举措，后３个问题讲了在五大发展新理念推动下，中国将呈现"创新驱动""全面小康""现代化"三大发展趋势。总之，创新、协调、绿色、开放、共享发展的新理念，"发展"是主题词，"创新、协调、绿色、开放、共享"是时代新要求。这一中国化马克思主义政治经济学的重要成果，既是我们制定"十三五"规划的基本理念，更是我们协调推进"四个全面"战略布局、实现"两个一百年"奋斗目标的关键，展示了中国充满信心奔向现代化的大趋势。

主办单位

「华大讲堂」第 60 讲

主讲人：李万甫

时　间：2016年5月23日15:00

地　点：陈嘉庚纪念堂科学厅

基于供给侧治理方略的税收改革与发展问题

人物简介

　　李万甫　吉林省白城市人，1995年获中国人民大学经济学博士学位，同年进入中国社会科学院财贸所进行博士后研究。1997年8月起担任长春税务学院院长助理、教授。2000年4月调任国家税务总局政策法规司，先后任助理巡视员、副司长，2014年1月起担任国家税务总局税收科学研究所所长。

　　研究方向为税收理论与政策、税制改革与税收法治。曾主持或参与省部级税收相关科研课题的研究；曾组织推动税收法治建设及相关税收立法的调研论证。在《财贸经济》《经济学动态》《税务研究》《人民日报》《经济日报》等刊物发表论文数十篇。出版《经济转型期的税制建设》《转轨经济中的税收：理论分析与政策选择》等多部著作，多项研究成果获得表彰。

　　主要兼职：中国法学会理事、中国财政学会常务理事、中国产学研合作促进会常务理事；北京大学法治与发展研究院高级研究员；北京大学、北京国家会计学院等院校兼职教授。

　　大家下午好！非常荣幸也非常高兴能够来到"华大讲堂"，在这里和大家交流自己在工作和研究上的一些认识和体会。刚才华大的领导为我颁发了兼职教授证书，从这一刻开始，我也算一个"华大人"了，也可以说，自己作为一名新加入华侨大学的新兵，汇报一下自己工作上的体会。

　　这个讲堂是由泉州市委、市政府和华侨大学共同搭建的平台，它为我们从事研究的工作者、实务工作部门的同志和高校师生坐在一起，共同探讨国家发展改革的大事，研讨交流提供了一个很好的平台。

　　我时常也在各种场合作一些演讲交流，但是在今天这样的场合，面对在座不同岗位不同领域的领导、师生们，不同专业的教职工们，讲一个大家都能够感兴趣的话题，或者讲好这样一个话题，心里仍颇感忐忑。在来之前作有关演讲准备的时候，很多题目曾经涌现脑海，思索良久，我还是给出了这样一个题目："基于供给侧治理方略的税收改革与发展问题"。

　　我是做税收理论和政策研究的，对这个领域，还算是一个内行，无论是工作还是研究都不陌生。税收的专业性比较强，虽然它的改革和发展可能对社会各个方面产生很大的影响，但以往在我们的工作当中，很多在座的同人对税收领域可能知道得并不是很多，单纯讲这个话题带有很强的专业性。今天，我们把这个话题放在更大的视野和角度来给大家解读——基于"供给侧结构性改革"这样一个国家当前经济发展新常态的时代背景。众所周知，供给侧结构性改革作为我们当前和未来经济发展的主要推动力，深刻影响我们的工作和生活。试图将供给侧结构性改革治理方略的转变和目前正在实施的以"营改增"为代表的税收制度改革与发展结合起来，本次演讲正是基于这样的考虑而准备的。

今天准备从三个方面作汇报。第一，供给侧结构性改革是引领新常态的治理方略，从整体上如何看待供给侧结构性改革的基本内涵要求，以及在推进供给侧结构性改革中我们需要着重关注的几方面问题。第二，在推进供给侧结构性改革过程中具体措施有哪些，在这些措施当中税收又居于什么样的地位。我们认为，减税是供给侧结构性改革的政策诉求，也是一项重要的施税策略。第三，与此相适应，我们谈一谈"营改增"的话题。2016 年 5 月 1 日全面推进"营改增"这样一项重大税收制度的改革和调整，它是"牵一发而动全身"的改革，这项改革恰恰是在供给侧结构性改革背景下推开的，深深地打上了供给侧结构性改革的烙印。在这样一个背景下，我们应该怎样体现对供给侧结构性改革的助力作用？我今天利用一点时间就这三方面和大家进行交流。

一 供给侧结构性改革是引领经济新常态的治理方略

1. 正确理解"供给侧结构性改革"的深刻内涵

我们对供给侧结构性改革的基本内涵要有一个重新回顾和梳理。供给侧结构性改革引起我们国家高层的关注和重视，2015 年

11 月中央全面深化改革领导小组会议上，由习总书记正式提出。此后，2015 年底中央经济工作会议进一步明确，未来我们国家经济发展的主攻方向、主要策略选择就是供给侧结构性改革。与此同时，"十三五"开启之年也是供给侧结构性改革全面明确推进之年。在这样一个背景下，供给侧结构性改革也就被纳入经济改革发展的宏观视野中。

供给侧结构性改革一经提出，社会各界，无论是学术界，还是实务界，抑或是某些部门，对供给侧都给予了不同的解读。对供给侧结构性改革的认识，在一定时间内莫衷一是、缺乏共识。按照中央权威的说法，所谓供给侧结构性改革就是"供给侧 + 结构性 + 改革"，也就是要用改革的方式和思维推动资源配置结构的优化，促进产业结构升级，最后增加有效供给——这是供给侧结构性改革内在的含义。

至于如何进行供给侧结构性改革，有人认为供给侧结构性改革的提出就是要恢复计划经济，就是要搞计划经济老套路，国家要出手干预经济，要回到计划经济的老路上。还有一些部门把所有的改革举措、改革方略一股脑儿地作为供给侧结构性改革，把所有的工作都纳入供给侧结构性改革。好像供给侧结构性改革这样一个重要改革方略就是一个"筐"，什么都往里面装，实际上，这是对供给侧结构性改革的一种误解。还有人把供给侧结构性改革简单地等同于减税，认为西方的供给侧改革就是减税，中国也应是减税，要进一步减轻个人所得税和企业所得税负担，3500 元的"起征点"（学理上应为"免征额"）要进一步提高，提到 5000 元、8000 元甚至 10000 元，减轻个人税负，增加社会投资，来改进供给。这是西方国家供应学派的理论主张和发展之路。

如果大家对供给侧结构性改革的理解不一样，从各个角度掌握的标准不一样，那么未来的一些政策选择就可能存在很大差异。可以这么说，供给侧结构性改革在实施的过程中，由于不同的理解导致了实施中的各种问题，对它尚未形成共识。只有形成共识，大家才能在同一个目标的引导下采取不同的政策，共同发力、形成合力、取得实效。

前不久，5月9日《人民日报》发表了一篇来自权威人士的文章，刚好我在同一天的报纸上也发表了一则有关"营改增"的评论。那篇权威人士的文章中提出了对第一季度中国经济的解读和看法，在社会上引起了很大反响。实际上，不管其中的观点或者认识是什么，在某种程度上，这篇文章想要扭转社会上对供给侧结构性改革的误解，提出各级政府及其部门所采取的一系列措施一定要紧跟供给侧结构性改革的内在要求，不能偏离其初衷。第一季度经济运行权威解读在充分肯定第一季度经济发展取得成效的同时，也提出存在内在的深层次矛盾和问题仍未有效解决。在某种程度上，在推进供给侧结构性改革的时段里，政策成效并不是很明显。我们的经济第一季度维持6.7%的增长速度，我们的经济是否已经到底？会否出现反弹？先前的观点认为，经济将以"U"字形或"V"字形向前发展，然而权威人士的文章观点是经济增长将呈现"L"形走势。这一走势以往就被提出过，只是没有引起过多的关注，即我们国家未来的经济发展增速可能在6.5%水平上维持很长一段时间，可能还会有一些下行的压力。当然，这种压力，是要给我们腾出经济更高质量有效增长的空间，也就是说要为结构性调整预留更大的空间，而不能单纯为了速度而谈速度，错过了推动供给侧结构性改革的良好时机。这样的解读，对我们进一步端正供给侧结构性改革的认识有很大帮助，大家对供给侧结构性改革的理解，包括未来供给侧结构性改革的相关决策，5月9日《人民日报》的文章还是值得大家很好地领会学习。

对供给侧结构性改革的内涵应该形成共识，这是我们推进这项工作的逻辑起点。如果没有共识，大家都有不同的理解，各自采取不同的政策，那么最后整个改革就难以取得实际效果。

2. 供给侧与需求侧

和供给侧相关的，是需求侧的问题。供给和需求是经济学最核心、最根本的一组对应关系，二者关系的处理也涉及经济学著作论述的起点，很多问题争论都是围绕着供给侧和需求侧，以及供给侧内部和需求侧内部的总量、结构之间的关系而展开的。这二者的关系，从经济学来说，总需求等于总供给，这是一般要追求的常态，总需求和总供给大体的均衡使整个社会经济能够持续稳定和健康发展。但是，在现实生活中，供给和需求、总供给和总需求难以实现完全平衡，也就是我们通常所说的——非均衡恰恰是一种常态。如果这种非均衡在一个社会经济发展能够承受的限度、幅度内，那么这就是我们追求的目标。追求二者完全相等是难以做到的，所以我们经常讨论的是一种非均衡：要么总供给大于总需求，要么总需求大于总供给，二者的比值控制在一定范围内，就是很好的状态。

从对当前我们国家经济形势的研判，结合国际经验，可以说目前经济发展呈现一种新的变化趋势。目前我们国家经济发展面临的主要问题还是供给侧的问题，供给超过了需求，而且特别突出的核心问题在于结构性错配问题，也就是现有的产品和需求结构不匹配。

提出供给侧结构性改革，和所谓的"海淘"、到日本买马桶盖等现象存在很大的关联。我们的产品都是初级品，科技含量不高，智能化、个性化产品供应还不够，这是我们当前主要的矛盾，找准这个主要矛盾，我们才能思考良方。很长时间以来，我们国家的经济发展一直注重需求管理，一直靠投资、消费和出口这"三驾马车"共同拉动，为我们国家提供了两位数的高速增长。现在应该有一个冷静的认识，高歌猛进的增长累积了一系列深层次矛盾，产生了一些体制性的困扰，致使我们的经济面临非常严重的发展困惑期。在这个时期怎么准确判断和确定当前的矛盾？这个矛盾是短期的还是结构性的？中央明确，结构性矛盾是长期的问题，我们必须要破解这个难题。如果这个难题不能破解，不符合经济发展规律，难以走出这个低谷，那么陷入中等收入陷阱就难以避免。在这种状况下，我们选择下大力气推进结构性调整，新一届党中央将很大的希望都寄予供给侧结构性改革。

原来的快速增长难以为继，消费跟不上经济增速，出口更受到国际市场的负面影响。在投资方面，我们只能更多地依靠宽松货币政策或者是积极财政政策来推动，靠地方政府来追求投资两位数甚至更高的增长，但这绝对是不可持续的。因此，要回过头来反思我们的方略是不是到了该调整的关口，我们要审时度势，要及时转换调整自身的经济发展治理方略，抓住供给侧结构性改革的"牛鼻子"，紧紧依靠它来推动或者助力经济结构调整，尽管这种调整可能是一个很痛苦的过程。

在治理方略调整的过程中，有人说我们只是谈供给侧，其实中央也提出在适度调整或者扩大总需求的同时，进一步推动供给侧结构性改革。也可以说，我们需求侧的管理以及在投资方面保持适度增长是为结构性调整营造一个良好的外部环境，我们的持续投资不应该有大起大落的增长，更多是为结构性改革赢得时间，保持合理的经济增长水平，这样我们才能进行结构性调整。否则，倘若是不顾经济增长速度的调整，很多问题将会进一步加剧结构性调整的矛盾。所以，供给侧结构性改革也要和需求侧同时来做，二者不可分割，正如一个硬币的正反两面不可能完全脱离。具体而言，很多政策的出台既推动供给侧发力，也会对需求侧产生影响。我们当前的重点就是供给侧结构性改革，其他方面可以缓一缓、降一降、放一放。我们进行供给侧结构性改革，对待需求侧应该有这样一个态度，即供给侧和需求侧仍要同步推进。

我们不能盲目借鉴西方的政策主张。很多同志认为，我们提出的供给侧结构性改革实际上和20世纪80年代美国里根政府执政时期采用的"供给学派"观点有很多相似之处，然而这一观点有失偏颇。美国80年代经济发展状况和我们目前面临的矛盾并不完全一样，美国20世纪80年代面临经济停滞和通货膨胀并存的状况，传统的需求理论不能打开滞胀局面，也就是说，在这种情况下需求的扩张理论是失效的。在这样的背景下，里根政府及时调整策略，使美国经济脱离滞胀局面。当时里根政府所采取的一系列措施，包括减税、国有企业私有化、加强社会保障等对我们有借鉴意义，但我国面临的矛盾是结构性矛盾，我们要解决的最核心的是结构性问题。

3. 政府与市场

供给侧结构性改革涉及治国方略、经济治理方略的转变，与此相适应的还有"政府与市场"关系的转变。我认为，政府与市场的关系变迁是整个经济改革发展的主旋律，任何一个国家经济治理方略的调整都是围绕着政府与市场的关系而展开的。西方国家是在建立了自由竞争的市场经济体制下，产生了垄断、收入分配不公等问题，所以需要外力的介入，这个外力就是政府。所以 1929 年经济大危机和第二次世界大战之后，这种需求管理理论逐渐登上舞台，政府逐渐介入经济。按照亚当·斯密的观点，政府只是一个"守夜人"，所有的事情企业都能办好，一段时间内能够做得很好，但它们也面临外部负效应问题难以解决。社会要发展，不仅是经济，还有社会和其他方面的问题，因此需要政府的介入，于是整个经济就纳入了政府与市场关系的范畴。

我国的改革是从政府开始的，从计划经济转变而来，一开始的社会生产生活中没有多少市场经济元素。我国的市场经济是从政府逐渐放权、逐渐培育企业发展而来。原来全部是计划经济，整个经济都是国家控制的，没有所谓的资源经济或者个体经济，随着改革开放和改革的逐步深化，市场逐步被培育起来。我国一直是政府主导下的市场化模式，政府逐渐规范自己的行为，逐步退出，让位市场，市场逐渐培育发展和壮大。譬如泉州，就是市场经济发展比较健全和完善的区域，全国发展不平衡。改革始终都回避不了政府与市场的关系问题。政府与市场的关系，按照十八届三中全会所确定的方针，就是要进一步发挥市场在资源配置中的决定性作用和政府的积极作用。以往我们只是说市场要在资源配置中发挥"基础性作用"，这一次提出要发挥"决定性作用"，也就是说要更加尊重价值规律，让市场在资源配置中发挥主导作用，使得市场的地位能够充分显现。政府应进一步简政放权，进一步还权于企业、还权于市场，凡是市场能做到的、企业能做到的，政府就不要去干预。

　　总体来说，我个人认为，当下所推进的供给侧结构性改革实质上是对中国改革发展进程的又一次探寻之旅。同时也提供了这样一个机会，需要我们在供给侧结构性改革进程中进一步把市场和政府的地位理顺理清楚，所以供给侧结构性改革也是为了完成十八届三中全会提出的改革目标和发展任务。我认为它是改革发展的又一次探寻之旅，这一次能不能探寻成功，也决定着我们国家未来的经济能不能获得平稳健康发展，必须从这样的高度来认识供给侧结构性改革，而不是限于单一的维度。供给侧结构性改革的目标还包括理顺政府与市场的关系，让市场在资源配置中起决定性作用。

　　这一次我们在供给侧结构性改革中提出了"五大重点任务"，这五大重点任务就是"三去、一降、一补"。"三去"是指"去产能、去库存、去杠杆"，"一降"是"降成本"，"一补"是"补短板"。这五大方面是有机联系的整体，是当前我们推进供给侧结构性改革需要着力解决的核心问题。针对这五大战略任务的实施，政策如何跟进、如何配套？当然也不能什么改革都往这个"筐"里面装，要紧紧围绕五大战略任务推进，阶段性供给侧改革的任务能不能完成，取决于五大重点任务能不能成功推进。所以，亟须关注的问题包括：能不能把多余的产能去掉？产能越来越多，"僵尸企业"不能做到市场出清，还在半死不活地存在着，银行各个方面还在为"僵尸企业"输液……现在是时候拔掉输液管和呼吸机了，这一次提出"市场出清"，"僵尸企业"必须退出市场。

　　"去产能"的主要领域是钢铁和煤炭行业。"去库存"则主要针对房地产行业，其中最主要的是二线、三线城市的房地产库存。能不能解决二线、三线城市房地产库存，关乎供给侧结构性改革的能动性和实效性。"去杠杆"主要是指金融领域、投资方面的"杠杆率"。从一季度来看并不理想，我们依然维持着以高投资拉动经济增长的模式，而银行风险只是在加剧，并没有缓解，"去杠杆"的力度尚显不够。从第一季度来看，还没有全面推进"营改增"，"降成本"的任务也没有很好地完成。"补短板"，则意在保障民生、推进社会建设，同时提升创新能力。

关于供给侧结构性改革引领经济发展新的治理方略，在这部分提出几方面政策建议，希望和大家一起分享，或引发大家进一步思考。

第一是互联网经济问题。我们的治理方略转变、治理策略转换都离不开互联网经济。互联网经济，即由数字经济引发的商业模式、市场规则的重新调整和变化，是我们不得不面对的重要问题。有人说中国在"弯道超车"，为什么要"弯道超车"？这是很危险的，但是我们有一个很强的助力手段，就是互联网经济，它是中国在发展过程中和世界发达经济体进一步缩小差距的重要契机。我国在互联网经济发展中已经显示出强大的生命力，用互联网经济或者互联网思维、互联网手段来改造传统产业和传统经济发展中落后的模式，是值得我们进一步思考和努力的。

第二是民营经济。发挥民营经济的作用，是我们进行供给侧改革进一步需要加强的。供给侧改革不是用计划手段采取指令性的方式进行，不能搞地方政府层层包干，这个企业要达到什么、何时达到、怎么处理，行政命令的方式已难以实现。政府应该对"僵尸企业"的过剩产能进行化解，要产生一种引导作用，要把政府的意图说清楚，尽量把很多事情交由市场去办，大力发展民营经济是很重要的一方面。

然而第一季度的指标显示，民营经济投资不增反降。十八大也提出，要积极促进民营经济的发展，其中很重要的是实行"混合所有制"，让民营经济有广阔的投资发展空间，和现有的国有经济共同推动整个社会发展[①]。民营经济的投资空间被国有经济所侵占，所以，要加大国有企业国有经济的改革力度，有竞争力、符合市场竞争规则的领域都要吸收社会资本加入，但是现在民营经济在这方面助力作用不是很大。

第三是利用国内国外两个市场。我们要利用好国内国外两个市场，现在"一带一路"方兴未艾。泉州是"海上丝绸之路"的起点，怎么推动"一带一路"建设是值得思考的。供给侧改革，既要看国内市场，也要看国际市场。

第四是地方政府的作用。目前我国经济快速增长，很大的功劳要归地方政府。地方政府对 GDP 绩效评价的追求动力，是我们国家经济前一阶段高速发展的重要源泉。但同时，对于累积的矛盾和带来的问题，地方政府也有不可推卸的责任。目前这种结构性问题，除了宏观方面一些措施需要重新审视之外，更主要的是地方政府行为，怎么能在供给侧结构性改革进程中继续发挥地方政府的作用？我们说"解铃还须系铃人"，地方政府既然助力了 GDP 的增长，在未来的供给侧结构性改革中也必须纳入改革的力量。不能说地方政府的行为不理性或者自身问题难以解决，就不相信地方政府，要想尽一切办法来调动地方政府的积极性。要从大局出发，跳出局部利益，通过"保大局"，进一步使局部利益得到充分保障。只有在这样的前提下，整个国家才能实现均衡发展。所以，地方政府的作用在未来的供给侧结构性改革

---

①《中共中央关于全面深化改革若干重大问题的决定》，《人民日报》2013年 11 月 22 日，第 4 版。

中不可忽视，它们的作用必须要释放发挥出来，否则我们的供给侧结构性改革就容易变成一句空话。

第五是金融风险的防范。中国能不能在世界经济发展中"不出问题"，最核心的就是能不能控制住金融风险。目前的状况是，金融风险没有缓解的迹象，这对我们国家来说是非常危险的，一旦触发就难以控制。所有风险的控制最集中的焦点就是金融风险，一切能催生金融风险的举措在实施过程中都应该慎重。

第六是选准政策的突破口。在突破口选定方面要考虑应当选什么样的经济发展策略？各种政策手段怎么排列组合？各种政策如何形成合力？不要这个政策与那个政策"对着干"，很可能有些政策在发力的过程中相互抵消效应。因此，在顶层设计中应该把各种政策都摆在桌上，形成一个有机组合来统筹，部署"什么时间推进，多大力度推进，采取什么方式推进"，这样才能使整体的效应最大化。不能只倚重某个单一的"杠杆"，因为我们国家面临的矛盾不是单向单一的，而是整个社会经济发展全面性的问题、深层次的问题，单靠某一个政策是解决不了的。这些政策该在什么时间段设计好，不应该等问题出来了，政策再跟上，这样就不行，我们要有两三年的经济政策发展目标和整体布局，循序推进。不能因今天遇到一种问题，我们拿出一种手段去对付，明天出现另外一个问题，又拿出另外一种手段去对付。在可预见的时期内，政策不能轻易进行调整，因为出了问题，可能是某个点上有小问题，但其他的方面能跟上。所有的政策 100% 发挥效力，最后这些政策效应合在一起，对经济就很有效果。每个政策发挥80%、90% 的效果，每个政策互相补充，整体的效应就扩大了。我们的政策在取舍过程中应该把握这样的原则。

二　减税：供给侧结构性改革的政策诉求

1. 减税——供给侧管理的核心

"供给侧"和税收"营改增"有什么联系？"供给侧结构性改革"的诉求是什么？减税是"供给侧管理"的核心，直接指向降低企业成本。税收是企业成本的一个重要部分，现有的税收制度在确定下来之后，就应该是一个"不变量"，作为企业的固定成本而存在。税收作为企业的成本，降税就是降低企业的成本。目前企业的成本高，有几个方面原因，一个是税，一个是费，一个是融资成本，一个是物流成本。融资成本高也是很重要的一个方面，银行不愿意贷款给小企业，它宁愿贷款给高大上的项目，特别是有政府担保的项目，地方政府的显性债务和隐性债务都还比较大。小企业真正需要的，银行不一定贷给它，因为贷给小企业没有多大的盈利，所以民间的借贷就比较多。然而，民间的借贷很危险，如果处理不好会带来很多社会矛盾和问题，因为民间互相借贷抵押，如果其中一两个链条出问题，整个体系就要垮掉。一旦垮掉，很多问题就需要社会和政府来接手，这个成本很大，因此，政府必须要引导。

（1）减税是西方供给管理改革的经验

20世纪80年代里根政府信奉"供给学派"，在美国里根政府实施"供给管理"的过程中，它一开始并不是"入流"的学派，只是一种学术主张，没有形成独特的体系。供给学派的代表人物就是拉弗，一个很年轻的经济学者，在当时还称不上经济学家。据说他在一次午宴上，用一张餐巾纸画了一个图形来说明税收收入和税率之间的关系——这就是著名的"拉弗曲线"。"拉弗曲线"就是当时美国采纳的"供给学派"的核心思想。当时，美国的税率偏高，但税收收入并没有最大化，所以就应该减税，减税的改革思路就是这样出来的。说它玄也玄，说它简单也简单，里根总统就采纳了。

美国的减税主要是减个人所得税，通过减税一方面保证社会稳定，另一方面进一步增加企业投资。因为在美国这样一个市场经济比较发达的地方，私人部门的投资是主要的，而我国的投资更多是依靠国有资本投资。在 20 世纪 80 年代美国"供给学派"力主国有经济民营化，也就是美国在实施长期需求管理的过程中累积了大量国有资本，到了一定程度，他们认为国有资产太多，对经济的运行没有好处，所以大力推行民营化。我国走的是另外一条路，相比美国主要减的是个人所得税，中国减的是所有企业的税，进一步刺激经济的活力，减轻企业的负担，增加个人投资的欲望和激情。应该说 80 年代里根总统执政时采取的政策，的确使美国从低谷中走了出来，经济发展压力得到了极大缓解。到了克林顿时代，美国政府的财力状况出现很大好转，接近平衡，马上要消除赤字，这是一定时期、一个阶段的政策成效。

（2）降低企业负担：减税责无旁贷

我们现在提出降低企业负担，进一步减少企业的费用成本，减税也是一个重要的方面。实际上对我国来说减税的压力也很大。前阶段，媒体经常提出，社会上有观点认为中国的宏观收入水平很高，远超西方发达国家，我们国家宏观税收收入是 30% 多，西方国家是 20% 多。实际上，我并不完全认同这样的统计和结论。税收收入占整个 GDP 的比重叫宏观税负，我们所说的宏观税负不是政府的全部收入。论宏观税负，我国不到 20%，是 17% 多，不到 18%，平均水平是低于发展中国家的，西方发达国家是接近或超过 20%。我国宏观税负低于西方国家，但是政府承担的责任不少，政府自身需要花钱的地方还是很多。在社会主义市场经济体制下，很多事全都是由政府来承担，政府负担了很多社会责任，也需要一定的财力来作为保障。

（3）减税取向：已成共识

这一次在推进供给侧结构性改革过程中，一致的声音就是减税。实际上减税不只是财税部门的事情，税收的问题需要国家统筹，因为减税会对其他方面造成某种程度的压力。大家都认为推进供给侧结构性改革可以借鉴西方改革的经验，当然也要结合目前我们国家企业发展的状况，亦即盈利水平比较低、企业成本比较高这样一种现实，特别是比较突出的结构性问题。我们要实行减税政策，也是一个大家形成共识的政策诉求，需要各方合力落实。

2. 减税——经济改革的主旋律

长期以来，减税一直是我国经济改革发展的主旋律，我国的改革就是从减税让利开始的。追溯一下我们以往税制改革的进程和国家经济发展的运行脉络，可以看出减税的政策取向是一种必然选择。

（1）80 年代初构建的适应对外开放的涉外税制

我们可以看到 20 世纪 80 年代初刚刚改革开放的时候，相继通过全国人大开设了三个税种的立法，这三部税收实体法分别是《中外合资经营企业所得税法》《个人所得税法》和《外国企业所得税法》。也就是说，我国人民代表大会制度在 80 年代初刚刚正常运转，当时我们国家没有制定几部法律，只有《宪法》和《婚姻法》，其他很多部门还没有法律，我们国家的社会治理离理想的"法治"状态还比较遥远。为什么在 1980 年那样一个背景下出台这样三部税法？可以说主要是为了迎合对外开放需求，要把外资"请进来"。外资来了，人家要赚钱，但我们国家当初的环境是很差的，基础设施建设薄弱，国家制度性质给国外投资者也带来很大的不确定性，加之劳动力素质、价格机制、原材料等都差强人意，所以当时我国确立了三部税法，其立法的主导思想就是"税负从轻、优惠从宽、手续从简"。80 年代，我们基本上没有什么税务机构，三种税由谁来征收都不明晰，但为给外国投资者一个明确的信心，通过法律制度来界定这样一种关系，也就是说外国人到中国来维护他们的利益必须要通过法律保障，于是我们的三部涉外税法就应运而生。

厦门是最初的四个特区之一，加上泉州的闽南三角区，属于后来发展的沿海经济开放区。对外开放之初，本着"放水养鱼"的初衷，税收多寡是次要的考虑因素，只要外国投资者来了，把先进的经验带到国内来就行了，不在乎外国投资者留下多少钱，他们挣的钱都可以拿走。时过境迁，我们现在逐渐发展完备，因此要比较规范地按照市场规律来运作。开放之初的税收优惠是用以弥补我们国家改革开放初期投资环境不足的，税收的作用是没有其他手段可以替代的，其成效也是不言而喻的。

（2）80 年代中期城市经济体制改革

接下来是 20 世纪 80 年代中期，我国 70 年代末 80 年代初农村联产承包责任制改革取得重大成功之后，显示了农村经济体制改革取得重大成就。大部分人是能够吃饱饭了，解决了温饱问题，这是以安徽小岗村为代表的农村经济体制改革的功绩。那么，城市经济改革怎么做？以什么作为突破口？当初，我们选择以分配环节作为城市经济体制改革的突破口。1984年，我们国家推行了重大分配制度改革，重要举措是用税收的方式来稳定国家与企业、国家与个人之间的关系，当初叫"利改税及工商税制改革"。1984年实施的利改税及工商税收制度改革是我们国家城市经济体制改革的突破口：这不是我个人的判断或结论，是中央文件确定下来的。城市经济体制改革是从税收领域的构建开始的，起点是国家和企业的分配关系，原来是利润分成，后来全部改成税收，向国家缴纳税收之后，剩余就是企业自己的。当初我们是税收与价格有机配合，共同推进计划与市场相结合的改革探索，这也是1984年城市经济体制改革的主要内容。

（3）1994年税改与社会主义市场经济

1994年是我们国家税收制度重大改革和变化的年份，现在税收制度的主体部分就是1994年构建起来的。我们可以回溯到1992年，1992年我们国家正式提出建立社会主义市场经济体制。在明确了社会主义市场经济体制目标后怎么推动市场经济体制建设，这对我们国家是一个重大的考验，我国当初选择的是进一步健全和完善宏观调控体系。1994年相继推出了投融资体制改革、财政体制改革、税收制度改革。在国家宏观调控体系改革的所有手段中，最为核心、最具影响力的就是税收制度改革，以及以税收制度改革为基础的分税财政体制改革。可以说，没有税收制度改革，就没有当时的分税制财政体制；没有当时的分税制，中国就有可能走向分裂的边缘。在1994年之前，特别是在1990年前后，由于后期承包制的冲击，

127

我们的财税体制发生了很大的变化，当时出现了所谓"诸侯经济"状态。具体而言，中央政府几乎指挥不动地方政府，中央政府财政非常拮据，要向地方政府财政借钱。然而，地方借钱给中央后，也从来没能指望中央归还。既然中央政府无法归还，那么利益关系就成为：你向我借钱，我有钱，但是你要给我优惠政策。所以当时全国各地每个省份的政策差别很大，形成了各自"独立的王国"。前两年，即1994年改革届满二十周年的时候，作了一个回顾：从经济角度评价1994年的税制改革是没有问题的，但是从政治角度来评价，它的意义还是非常重大的。倘若没有当初的分税制，就无法扭转地方财政相对宽裕、中央财政拮据到要向地方借钱的局面。分税制之前，中央的财政赤字额度非常大，对地方的调控作用较小。如果没有分税制，我们国家会形成什么样的政治格局，现在都难以想象。

我们实施了1994年的税制改革，创立了现在的流转税和所得税模式，这种模式的改革对税制本身的优化、对多年来我国经济的发展，总体上还是适应的。如果没有这样一个税收制度，经济很难实现快速稳定增长。特别是建立并稳定了中央与地方政府的财政分配关系之后，地方政府为增强自身财力，非常主动地发展自身经济，因为地方政府也需要税收，也需要财力。然而，这也就是各地都搞房地产开发的一个原因。开发出来的营业税和其他税费多数都归属地方级次财政收入。而且，为什么地方政府要继续发展落后产能？因为能够解决地方税源问题，同时也解决就业问题，而且又增加了GDP。为什么地方政府给税务部门很大的压力让他们从各方面去找税收，甚至要到别的地区去"淘"一点税？这也是为解决地方政府财力和税源的问题。

（4）新常态与税制改革

经济进入新的发展阶段，"新常态"一词出现频率极高。实际上，经济"新常态"是指增速下行、结构不够优化、创新动力不足、三期叠加等，是对当前经济发展的判断。供给侧改革也是为解决经济发展新常态所面临的主要矛盾而推出的重要战略举措。供给侧改革不是解决发展新常态的全部问题，而是核心问题。新常态对税制改革提出了很多要求，十八届三中全会对税制改革提出了"六大改革任务"，基本上要重构我们现在的税收制度体系，同时也提出要加快财税体制改革的步伐。每到一个经济发展的关节点，在重大的经济发展战略和策略调整阶段，税收都凸显它自身的重要地位。

3. 从稳定税负到全面减税：施税策略的抉择

（1）从确立稳定税负到供给侧的减税诉求

回过头来看，2013 年党的十八届三中全会明确提出，要形成"稳定税负"的改革发展基本思路，当初对税收改革的定位是：在稳定现有税负的基础上进行结构性调整和改革完善。这是当初十八届三中全会的基调。"新常态"特别是供给侧结构性改革方略确立之后，我们国家又提出"全面减税"的策略诉求。稳定税负是改革不影响税收大局，也就是不影响财政收入和税收收入水平，在这样一个条件下可以进行结构性调整，有的增加，有的减少；推进供给侧结构性改革，它的减税取向不是"有增有减"，其中最核心的"营改增"是"全面减税"，要让每一个行业都要享受到减税的福利，和原来的有升有降不一样。

（2）减税取向具有长期性和阶段性

目前"营改增"是全面减税，未来其他重大改革可能不完全是全

129

面减税。如果都以全面减税作为各项税制改革的总基调，恐怕我国的财政也要出问题。国家承担的任务很重，军事、国防、社保、工资、非生产领域保障、扶贫等问题，最后还是"财政兜底"，很多问题需要财政出面解决。分散的财力聚集到国家，进而进行有效分配，才能推动整个社会的福利改善，使大家都能享受到发展带来的红利。将来要对个人非营业性住房开征房产税，房产税就是增加税负，未必每个人都要交房产税，但至少征收了房产税就是增加了税负。以前个人拥有非营业房地产是实行免税优惠的，一旦开征了房产税，肯定带来净增加的税负，所以，"全面"减税又带有一定的阶段性。

（3）减税与清费并举

在全面推进减税的过程中，和减税密切相关的清费问题必须纳入日程。"税"是国家通过强制性手段规范取得财政收入，占有一部分社会资源归国家统一支配和再分配的一种形式；"费"则带有很大的补偿性和专向性。为什么要交费？老百姓获得政府提供的服务才要交费，我们国家的收费偏多偏乱，这两年进行了大量削减。然而，现在看来仍有不少收费项目难以去除，这是因为收费现象的背后有部门利益在支撑。有些部门单位，改革后财政就不再拨款，它们只能依靠收费来养活现有员工，这种异化的利益关系也造成了不必要的社会成本。比如，社保费的征收，若拿到地税局去征收，征收成本会很低，就可以把社保费更足额地征收上来，但很多地方还是由社保部门来征收，那么就需要另外一套征收队伍，这些队伍也是"吃皇粮"的，而且待遇还不能太低。因此，对于确实要保留的"费"，转变成税是最好的出路。尽量不要搞收费，要么就取消，要么就改成税。

在西方国家，很多地方征收的"税"都是国家带有明显税收特征的"费"，其中的许多要素都是固定的。政府提供的服务，若只针对某些利益群体，那么就要收费。基于社会资源的占用和收取形式的固化，许多"费"也逐渐演变成一种"税"。西方的税也有带很大受益性的税。因此，不然就砍掉某些"费"，如果认为确实有必要留，那就变成"税"，统一来征收。否则，收费带来的一些矛盾问题是没有法律依据来解决的。鉴于此，减税和清费必须"双措并举"。

4. 基于"五大重点任务"：精准施税的政策取向

未来我们针对公共体制结构性改革中有"五大重点任务"，有"三去、一降、一补"的工作安排，我们也要"精准施税"，那么，总体上我们需要采取什么样的税收策略？

（1）完善兼并重组的税收政策

兼并重组是未来化解过剩产能的一项重要举措，因为有一些企业还没有达到"僵尸企业"的状态，我们要通过兼并重组来"治病救人"。兼并重组涉及所有权的改变，在现有的税收制度下，这种所有权的改变又涉及收益的分摊，可能会被课税，这种课税就需要制度层面的改进来消化解决。比如，通过消除企业所得税和个人所得税重复课税，优化兼并重组中涉及的个人投资者或企业投资者的税后收益。在其他税种上，也应推动相应的跟进和完善。尤其是针对特定的企业和特定的行业，如钢铁、煤炭行业，这些企业的兼并重组，要加大税收支持力度。

（2）降低兼并重组企业的制度性交易成本

制度性交易成本包括很多方面，其中很重要的一点就是税收问题，包括城镇土地使用税、印花税、契税等等。

（3）解决"僵尸企业"的涉税难题

如果某个企业已经无可救药地成为"僵尸企业"，那么要及时进行市场出清。5月9日，中央权威人士在《人民日报》的解读中就提出，对"僵尸企业"应该毫不手软，该处理就处理，不能再人为地让它存活，它的存活就是对其他企业的不公平，对整个社会经济发展也是一个拖累。但处理中就需要"保人不保企"，"人"即企业的员工要"消化掉"，即要培训、转岗，给予一定的政策来扶助和稳定这一群体。很多四五十岁的人员，怎么通过培训引导，或者提供一些公益性的岗位是值得全社会思考和行动的。对于税收来说，此类企业的税该豁免就豁免，因为它已经死掉了，欠税也没法追讨，欠的其他账也还不上。"僵尸企业"的资产要考虑解决的首先应是安置人员的问题，其次才是国家利益的保障。

（4）加大对创新投资的税收激励

近几年我们已经对创新投资提供了很多激励政策，但企业在执行中发现这些政策可能还不够完备。在这方面，要及时疏解，让创新投资的政策落到实处。我们一直主张，通过加大对拥有自主知识产权的国内企业科技成果转化给予激励性的税收优惠，而不能泛泛地给予一般的高新技术企业。实际上许多所谓的高新技术企业，其核心技术产权都是别人的，别人通过无形资产转让费、特许权使用费或技术服务费的形式将利润都拿走了。我们的汽车工业，有几家企业是经过自主知识产权开发成功而更新改造的？我们生产了这么多汽车，也消费了这么多汽车，最后留给我们的是什么？国外早把这个技术转让费给拿走了。因此，对自主知识产权要加大力度扶持。我认为，国家确定能够认定的自主知识产权，不征税都可以，就是要激励，因为这是中国立足于整个世界民族之林的核心和拳头因素。不要"撒芝麻"，只要是高新技术企业就支持，国外公司到我们这里来都是高新技术企业。将优惠政策给了高新技术企业也是一种激励，我们也不反对，但是它通过各种方式拿到钱又转回国外去，真正留给我们的是劳动力投入、资源投入、市场投入，而外方投资者却是净赚，因为核心关键技术都是他们的。因此，我们建议要找准政策的发力点，给哪些企业减免税优惠，具有一种导向性，可以激励后来者。

（5）健全对慈善组织的税收政策

《慈善法》自 2016 年 9 月起实行，将有助于进一步发展与完善慈善组织。慈善组织在国外符合条件的都享有免税待遇，但免税资格的赋予是政府机关需要控制的。目前，在我国是由民政部门在监管。在国外，只要申请成立，符合条件经过批准的，政府都给予免税资格，但是慈善组织的经营要被定期审计，以判断其是否续续符合免税的条件。慈善机构是非营利的，就不能做营利的事情；员工是志愿义务性质的，就不能有很高的收入。红十字会前几年引发的社会负面情绪，很大程度上也源于其资金的使用问题。慈善组织是社会第三次分配的重要方式，然而现在我们国家还没有真正健全和完善起来。

5. "营改增"肩负着重大的历史使命

分析了供给侧结构性改革所蕴含的政策诉求之后，我们回到需要重点谈论的话题——"营改增"。"营改增"在供给侧结构性改革的诉求实现中，肩负着重大的历史使命。实际上"营改增"早在 2012 年就已经推开试点，并不是 2016 年 5 月 1 日才从头推开的。为什么把现在全面推开的"营改增"和供给侧结构性改革结合起来呢？可以认为，这一次"营改增"所释放的"全面减税""确保所有行业税负只减不增"政策信号，是在供给侧结构性改革的战略背景下推出的，和以往不一样。这一次"营改增"是促进产业结构升级的一项重大战略举措，同时也是进一步规范政府税收收入形成机制的一个重要手段。

了解供给侧结构性改革背景下的减税诉求，需进一步解释税收在国家治理现代化中的功能、定位。大家都知道，党的十八届三中全会明确提出，我们国家未来改革发展的目标有两个，第一个是进一步健全完善社会主义经济制度，第二个是推动国家治理体系和治理能力现代化。"财税是国家治理的基础和重要支柱"，这是十八届三中全会创新性提出的一句话。

2015年底，中办、国办、中央全面深化改革领导小组办公室通过的《深化国税、地税征管体制改革方案》进一步明确，税收治理在国家治理体系中具有基础性、支撑性和保障性作用。我国从20世纪80年代到90年代到现在，在发展的每一个关键时期、关键节点，税收都负有很重要的使命。在经济比较平稳发展的过程中，大家都希望减税，不希望多交税。税收的利益同时也就是国家的利益，现今在国际舞台上税收的利益也日益受到认可与重视。今年9月份二十国集团（G20）将在杭州举行峰会，其中一个议题就是税收。税收于国家利益而言非常重要，美国为什么要摧毁瑞士的银行保密法案，归根到底，税务机关征税要维护美国的利益，要拿到涉税信息。所以税收是国家至上的利益，是国家经济利益的重要体现，任何利益最终的体现就是国家的利益，而国家经济利益的核心就是税收利益。所以税收在经济发展大格局中蕴含着重要意义，特别是在改革发展的关键时期。在一般情况下这种作用往往不明显，但是在特定时期就能够凸显出来，这一次包括未来的一系列改革，在经济发展新常态的战略指引下，税制改革被赋予新的重大使命。

三　"营改增"：牵一发而动全身

接下来要解析"营改增"的问题，"营改增"是我们税收制度改革中的一件大事，同时，它也是当前我国推进供给侧结构性改革的一个"重头戏"，一项重大的战略举措。如果谈到供给侧结构性改革的"政策组合拳"，那么"营改增"就算是一个核心的要素。"营改增"对我们国家社会生活、经济生活、政治生活的影响是巨大的，是一个牵一发而动全身的改革[1]，其并不仅仅是出于制度简单的变化或者两个税种的互相替代，它将释放对我们国家现有体制和经济发展产生巨大影响的能量。

1."营改增"试点改革的历程追溯

回顾一下"营改增"的历程，首先，为什么要进行"营改增"呢？增值税比营业税优越，好的要取代差的。营业税是全额征收、重复征收，税和价完全混在一起；增值税是按增值额来征收，对企业新创造的产品价值征税。按照马克思政治经济学理论就是对"V+M"课税，而营业税是对"C+V+M"课税，每交换一次就缴费一次，增值税只是"V+M"，把 C 部分扣掉。因为有进项税额的抵扣，在增值税制度下企业所缴的税只是以本环节新创造的"V+M"作为课税

[1]《以改革创新推动结构调整和经济转型》，《人民日报》2012 年 10 月 22 日，第 1、4 版。

135

基础，基本上可以化解重复征税问题，而且对市场经济的副作用或者负担是最小最低的。特别是增值税所具有的价税分离特征，价税分开进行核算，分别运行。现在世界上有160多个国家推行增值税，只要我们能够叫上名字的国家几乎都推行了增值税。法国于1954年最早开始推行增值税，我国是1979年开始引进，借鉴了国外经验，在部分城市和产品当中试行增值税。1984年我国正式确立了增值税制度，1994年进行完善，确立了增值税和营业税并行征收的格局，对服务业（房地产、建筑业、交通运输业、体育业、金融业等等）仍保留征收营业税的旧的销售税模式。这是1994年税制改革不彻底留下的"尾巴"，这个"尾巴"什么时候拿掉？2016年5月1日全面推开的"营改增"基本上去除了1994年增值税制改革所留下的"尾巴"。从2012年开始，上海率先实行"营改增"试点，紧接着其他省份相继进行"营改增"试点改革，到2013年8月份正式在全国逐步进行"3+7"改革试点，在运输业、邮政业、电信业和七个现代服务业进行"营改增"试点，截止到2016年5月1日，这些领域全部试点推行。试点取得了很多经验，减税的幅度逐渐增加，对第三产业的调控作用逐渐增强，企业的税收负担逐渐降低，第三产业的注册户数逐渐增长，效应逐渐显现。但由于试点过程中增值税抵扣不能全面进行，还存在各种问题，因此，今年李克强总理在两会期间明确宣布全面推开"营改增"。

从3月初提出到5月1日，1个多月的时间内要把这两个重大的制度交替全面推开，真的不容易。这期间随着中央陆续出台一系列顶层设计的试点政策，国税系统基本上是"5+2""白加黑"地加班工作以迎接新税制。很多新纳入的行业和企业也是紧锣密鼓地围绕"营改增"的推开而加班加点，在调整工作的同时，也学习和了解新税制对本企业带来的影响，并逐步适应新的税收制度。从5月1日推行到现在，总体来看比较平稳，圆满达到了预期的目标。下一步是6月1日开始，企业将进行首次"营改增"后的纳税申报，之后正式衡量全面"营改增"所释放的改革红利效果。改革的进程大体是这样的。

2. "营改增"试点改革的内容及特征

营改增的改革试点体现了以下几个特点。这次"营改增"主要解决的是将增值税的试点范围扩大到"四大行业"的问题，原来依然保持征收营业税的"四大行业"，即建筑业、金融业、房地产业和部分生活服务业。自5月1日开始营业税就正式退出历史舞台。历经66年左右的时间，1950年开始征收的营业税，要被增值税全面取代和覆盖。但现在仍是"试点"，原来的征税依据即国务院行政法规也仍未完全废止，但事实上营业税已经退出了历史舞台。这次改革试点很重要的方面就是"双扩"，不仅扩大"营改增"的行业范围，而且扩展可以抵扣进项税额的购进项目。5月1日之后新增的不动产纳入抵扣范围，即企业外购的商用地产、不动产的进项税额纳入了抵扣范围，对购买者来说就是降低了增值税税负，所以李克强总理提出"确保所有行业税负只减不增"，底气就来自新增不动产纳入抵扣范围这一条。所有的企业都能够享受减税红利，随着时间的推移这一红利还会逐渐显现。作为企业，要生产经营总得要购买或租赁房产，这些外购或租入的不动产原来不能进行抵扣，这次允许进行抵扣。这次从5月1日起执行的"营改增"全面试点改革还有其特点，既是"扩围"的改革（扩大增值税征收范围以实现抵扣链条的完全贯通），又是

"转型"的改革（从生产型彻底转为消费型增值税）。这一改革使得所有外购项目所含的税金都可以进行抵扣（原来不动产不允许抵扣），我们国家现阶段的增值税是符合国际标准的，是比较规范的增值税，也可以说是开启了现代增值税发展的新纪元。这一次增值税改革既体现了增值税立法之前的过渡性，又体现了对原来营业税制度中优惠的承继。确保所有行业所有企业税收只减不增，这是一个并不容易兑现的承诺。为此，我们将原来营业税的优惠条款基本上平移到新的增值税制度当中，同时采取了一系列过渡办法。对新增试点行业，若直接要求采取一般的计税方法，则可能会带来很大的问题和麻烦，现在暂时实行一些过渡性举措，包括平移税收优惠，以此确保不触动企业在原有营业税制下的税收利益。

在这样的目标下，我们推动了营改增全面试点改革，这次改革吸取了前面改革的经验，预估了改革的难度。建筑业、不动产业和金融业是国际公认的增值税推行最棘手、最复杂、最困难的三个领域，生活服务业还好，但也涉及许多不同的业态，与民生息息相关。这几个领域，我们安排在最后来推行增值税。建筑业各类企业鱼龙混杂，不动产业也是如此，金融业在世界上很多国家并没有实施增值税，或是实施增值税但赋予免税待遇。许多国家在金融业特定的业务实施增值税，而对绝大部分金融业务是免税的。所以，这次我们国家如果在金融领域能够推行增值税成功，对世界增值税发展也是一个重大的贡献。其他国家都没有在金融领域推开这种改革，但是我国这次进行了尝试。同时，建筑业、不动产业也都是敏感行业，推开"营改增"之后可能会遇到这样那样的问题，未来的难度和压力也仍然是很大的。

这次改革既涉及国税，又涉及地税。地税也牵扯进来，地税对二手房交易、对房屋租赁也承担了"营改增"任务。这次"营改增"既给企业减轻压力，又为整个宏观经济结构性调整创造了条件。"营改增"改革推进对市场机制运作是一个重大的利好，它所带来的制度变化值得我们重新审视。

对于"营改增"的社会经济效应该怎么看待？虽然"营改增"体现了一些"平移"的特点，但国家采用的方略是"花钱买制度"——以5000亿元的减税代价助力经济增长，同时把"营改增"这项制度确立起来。增值税制的优化对未来我国社会各方面包括财税、政府与市场关系都会产生重大影响。以"营改增"全面推开为主要手段的全面减税，导致宏观税收水平下降，使得政府占用的社会资源减少。政府对社会资源的配置作用和力度下降，减轻了政府财力负担，更多地释放红利给企业和市场。对市场来说，"营改增"主要解决了公平竞争的环境问题。市场需要公平竞争，"营改增"是仅对"V+M"进行课税，所以它的负担比较合理，这是和营业税相区别的重要的不同点。整个社会经济是有机联系的整体，生产、流通、分配、消费等各个方面靠什么来表现这种有机联系？就是增值税。假设我和你做生意，在营业税制下，你卖给我东西，我给你付钱就行了，大家可以永远不再联络。但是在增值税制下，你把东西卖给我，我生产完之后把东西再卖给他，他将来做的东西再卖给你，转了一圈又卖回来，整个社会通过内在的抵扣机制又串联起来。大家都需要发票，都需要抵扣，如果不能得以抵扣，就需要承担更多的负担。通过抵扣机制，整个经济串联起来，这是增值税制度最大的优势。特别是当需要增值税发票的一般纳税人占了经济主体的绝大多数时，如将来增值税开票份额占据经济总量的90%左右时，就通过增值税将社会生产与再生产的各个环节全都串联在一起了。这对于研判分析整个经济形势就有很大的作用。

通过这样一种涉税信息系统，可以集聚大量的经济数据。现在人们往往质疑 GDP 数据的真实性与准确性，将来通过增值税信息系统累积起来的数据，将是更为客观可靠的。因为增值税的课税对象从理论上说就是"V+M"，而 GDP 恰恰也是"V+M"的集合。未来我们的 GDP 怎么统计？信息系统中的核心要素——增值税是多少，通过一定的原理推导和一定的经济模型，就能测算出 GDP 总量，这是一种很好的估算思路。所以在增值税制度下，通过互联网对抵扣机制的完全串联和互相监督，对宏观经济、对市场运行是很重要的。

另外，增值税制度下企业核算出来的价格更低，因为营业税是交易一次就征一次税，且税价总是混在一起。现在增值税核算中，上游环节交的税在下游环节可以抵扣掉，只是体现本环节自身创造的"V+M"所承担的税负，比较公平合理，而且税价分离了，从而不仅不含税的价格比原来更低，而且价格有效配置资源的作用也凸显出来了。

应《人民日报》的邀请，我写了一篇关于"营改增"的评论文章，并在 5 月 9 日刊出。实施"营改增"后的 5 月初，试点行业出现了"涨价"的问题（如买一杯咖啡原来 10 元，现在是 10.6 元），卖家的理由是"因为'营改增'要增加税负了"。我们国家和西方国家不一样，西方的价格体系就是价格与税相分离，价格是多少，按照这个价格课多少消费税；我们国家的价格体系是含税的价格，就是说卖家的定价里已经包括了税收。而且在营业税改增值税过程中，税负并没有实质性变化。为什么要多收钱？就是因为"营改增"引起了社会上的误读。除了对重大改革的关注外，也有一部分企业恶意以国家改革政策的名义涨价，以谋取不正当利益，这也是不对的。

　　3."营改增"的多维效应

　　宏观与微观。对微观来说，"营改增"全面试点释放了更大的减税红利；对宏观经济而言，将来需要分析评判经济形势时，税务部门握有绝对权威性的数据。国外的很多经济分析数据，都是来源于税务部门，税务部门集中入库的是"真金白银"，虽然这里面可能有略有调节成分，但在增值税制度下这种人为调整是越来越难的。在营业税制度下，很多企业还有"两本账"一起做的问题，增值税则防范了这个问题。如果一家企业的交易行为不纳入这个增值税发票监控下的循环，就不可能实现与一般纳税人之间的交易。这就把原来拿不到桌面的东西，通过制度必须要拿到桌面上。这也可能就是建筑企业、不动产企业有一些抵触情绪的原因。除了税制转换带来的遵从成本提高之外，就是要他们把以往拿不到桌面的东西，通过这个制度必须拿到桌面上来，否则没法经营下去。因为不是企业之间做完买卖就行了，而是整个社会经济活动需要通过每一次交易而串联起来。

　　中央与地方。营业税绝大部分收入归地方政府，作为地方财政的主要来源；增值税是由国税部门组织征收，在收入上是中央与地方75∶25分成的"共享税"税种。"营改增"对现有的财政体制形成很大的影响，倒逼现行的财政体制必须进行改革和调整完善。否则，原本归属地方的营业税全部并入增值税预算中，到时候再给地方25%，那么地方财力怎么来维系？地方的压力也是很大的。

　　复杂的情况不止于此，还包括在增值税制度下，中央出台政策减免并不是一句话就能够落实的。比如，原想降低制造业税率能对制造业起到很大的积极作用，然而因为链条在这个环节给减免了，但下一个环节要为这个环节没有交足增值税而减少了可抵扣税额，进而增加了税负。因此，减免税在所指向的这个环节不能直接减免，想要减免也只能征完之后再"即征即退""先征后退"等，不能破坏这个链条。它还有促进企业规范化管理的效果，企业要想做大做强，不能依靠偷税，偷税可能存在于原始积累阶段，可能当时很难被税务稽查到，但真想做大做强，在目前的增值税制度下偷税已经越来越难。

美国稽查就代表着一种威慑力，它很少进入企业，但是它一旦进入企业，这个企业基本上就濒临倒闭。我们国家也是一样，稽查部门进入企业之后，这个企业如果是上市公司，那么它的股票将应声下跌，市场反应特别灵敏。人们普遍认为，税务部门稽查去了，这企业肯定有问题，股票就会下跌，证券市场的反应也是很灵敏的。

供给与需求。这一次供给侧发力，无形中也对需求侧问题起到了协助解决的效应。例如，不动产购入可以进行进项税额抵扣，就可以刺激投资进一步增长。不动产纳入了抵扣范围，购买或租赁均可降低企业税负，对投资有一定的刺激效果，特别是对商用地产产生的效果是比较明显的。所以，营改增在供给侧发力的同时，对需求侧也带来了一定的正面影响，所以供需两方面的分野并不是绝对的，只不过出发点、立足点、核心点是在供给侧方面。我们给企业减税了，实际上在价格不变、市场不变的情况下，企业为进一步占有市场，就可以为消费者提供"让利"即降低价格的空间，这对整个社会都有好处。

"营改增"翻开税收改革新的篇章。营改增不仅是两个税种的简单转换，它标志着中国税收制度发展史上的一个里程碑："营改增"开启了现代税收制度建设的新征程。下一步，个人所得税、消费税制改革等一系列改革任务将陆续纳入日程并逐步展开，而且，增值税制度也仍然需要进一步完善。现在我国增值税有四档税率（17%、13%、11%和6%）和不止一档征收率（3%、5%）。国际上公认的增值税税率结构最好是一档制的，日本现行的消费税亦即增值税就是单一税率的，但是单一税率对整个经济运行的调控作用还是非常有限的。因此，世界上公认可以有两档、最多不能超过三档的税率。税率档次过多会形成"高征低扣""低征高扣"现象，使税负在本环节受制于外部环节税率差异带来不均衡问题。在这种情况下，要进一步降低税率档次，现在四档税率最好恢复到原来的两档税率。税率的调整涉及企业的税收增减，这一次"营改增"只平移了营业税优惠到增值税当中，将实际税率进行适当减免之后，就会触动现有企业的既得利益。在这样一个背景下，企业的反应就会不一样。在关于一般纳税人资格的认定方面，我国的标准，对商业企业是80万元，对工业企业是50万元，而对"营改增"行业则是500万元，这个差距比较大，也会带来一系列问题。根据企业的性质特点，在一定程度上，企业达到一定规模时都要搞增值税；而要成为增值税的一般纳税人就都要受增值税专用发票的约束，这是不可改变的。

增值税处在进一步完善的过程中。目前对于增值税应税货物流转的征收依据是《增值税暂行条例》，但对于新纳入"营改增"试点的服务行业则是依据财税〔2016〕36号文。有人认为，我们目前的这些改革对法治的尊重还不够，还有待进一步完善。接下去会尽快推动《增值税暂行条例》的修订，要不我们怎么给学生介绍《增值税暂行条例》？暂行条例是这么说的，但36号文又是那么规定的，同样一个增值税制度，却要依据不同法律等级的文件来规定，这也是我们下一步亟待解决和完善的。以上是从增值税自身的角度来说。

这一次影响比较大的利益主体还包括：地税怎么办？地方政府怎么办？地税的营业税变成增值税由国税征收以后，地税的税收规模小了很多，差不多少了一半，但是从事地税工作还是这么多人员。还有地方政府，地方政府怎么办？原来的地方第一大税种营业税都被拿走了，现在靠中央怎么保障？早在5月1日之前，4月29日国务院常务会议就通过了"营改增"后增值税中央与地方"五五分成"的决议。中央与地方对增值税五五分成，对各个地方的影响不太一样，因为经济结构比例不同，所以对地方利益影响不同。当然，中央也没有集中太多。这里面可能会带来一个问题，地方政府没有自主决定的财权，就是掌握不了征收的权力，虽然收入能得到保障，但都是靠上级通过"转移支付"的形式下拨提供的。在基层有这么一种现象：比如说泉州市，假设"营改增"之后征收的税款还是100万元，原来的100万元是通过自己征收营业税完成，但是现在的100万元是上面即由国税局征收完成、通过财政分成再下拨的。上面完成100万元就是100万元，没有余地了；过去营业税的100万元，在某个征收期地方政府财政任务吃紧而需要的情况下，可能会想办法征收105万元、110万元，所以这一次改革方案留下了两到三年的过渡期。因为中央与地方政府关系中的"事权"还没有划清楚，所以"财权"不好划定，税收也不好确定，所以有一个过渡期，这也是倒逼财税体制改革必须作出新的制度安排。我们原来增值税总量是计算中央对地方转移支付比例的基础，现在把营业税放进去了，以增加后的总量作为基数的比例也需要重新计算，所以未来的财政转移支付制度也会受到影响。由此可见，"营改增"对完善财税体制的"倒逼"作用还是非常明显的。

地方税源怎么构建？这也是现在改革聚焦的领域。一个重要的提法就是要开征房地产税（特指对居民个人非营业性房地产），以解决地方税源不足的问题。能不能解决呢？前几年对房地产税大家热议比较多，这两年温度降下来了，大家谈得也不太多了，未来房地产税怎么去构建？中央定下要先由全国人大来组织立法，即"先立法后开征"。房地产税立法非常敏感，也因此多了几分神秘，大家都很难知晓其具体进程。但是就目前我国房地产发展的现状来看，未来可能要经历"先立法后改革"的阶段，而很难"一步到位"。

房地产税的最主要目标或说功能定位，即首先想解决什么问题，要说清楚。是解决地方财力不足问题而开征这个税种，还是用这个税种来调解收入分配不公，还是用这个税种来调整房价？不同的功能定位，会导致这一税种各个方面的要素设计不一样。例如，在征税范围和计税依据方面，就存在许多不同的设计方案：是对所有的住宅都征收还是仅对别墅进行征收？是按照套数来征收，还是按照面积来征收？是按照市场价还是按照评估价征收？对城市的房产和农村的房产怎么划定？对两套和两套以上住房征收，还是对所有的住房都征收？原来老的福利分房，如一些单位很多职工拿到了福利分房，现在想卖却卖不掉，产权证拿不下来，交易不了，产权不明晰，这怎么征收房地产税？像这种分不清是国有还是私人，或者产权证搞不清楚，或者有的能说清楚，有的说不清楚，整个都混在一起的，老百姓非常关注怎么征收，但现在还没有出台草案或者向社会公开征求意见的方案。现在如果研究房地产税征收可能产生的效应，是没有多大实际意义的，因为研究的前提即征税方案都没有搞清楚，现在还没有确定有些要素和统一的设计思路。然而，从房地产征收来看，短期内它也很难成为弥补营业税缺失而构成地方税主体来源的税种。因为税率不可能太高，征收的数额不可能太大，在开征初期，很可能是象征性地征收，以便先把这个制度建立和规范起来，所以它承担不了构成地方财政主要来源的重任。

有人提出，下一步地方税是靠消费税的改革。消费税目前是中央级固定收入，有人提出改革方案，改革后的消费税由地税部门来征收，作为地方政府的财源，弥补营业税取消后地方税的缺口。我个人感觉这种提议有一些问题值得考虑和商榷。首先，从征税环节的布局而言，目前消费税的征收是在普遍征收增值税的基础上，对部分产品的消费、生产行为进行征收，目前的消费税主要是在生产环节，在生产环节征收大概能够对税源进行监控，如果换到零售或者批发环节，则要投入大量的精力进行税源监控，从征收的成本角度来看"不划算"。其次，从征税对象的性质来看，特别是对卷烟和石油，卷烟是国家紧控物资，石油是国家重点调控的经济物资，这是中央主要的税收来源，中央在缺钱的时候就是靠这两个税种来调控收入的。油价一涨，中央收入就增加，如果消费税给到地方，中央都没有固定收入了，对税收收入的调度能力就会大大减弱。如果卷烟的消费税和石油的消费税不纳入地方税体系，其他几种税目的税收收入比重很低，因为消费税税源主要就是卷烟和石油。有人统计，石油税占了将近石油价格的40%，是很高的，卷烟则超过了100%。"吸烟是对国家最大的贡献"，这种民间笑谈从某种意义上来说也不是没有道理的。

我认为中央必须要有自身的固定收入。当中央财政出现短缺的时候，必须要有一个稳定的机制能够保障收入，卷烟消费税和石油消费税就是当前这种机制的重要构成。而且必须要在生产环节征收，如果按西方在零售环节征税，则我们的征税机关根本就管理不过来。所以，从这样的角度来看，消费税成为地方税主要来源的可能性也不太大。的确，地方税体系建设非常困难。我感觉，在设计的过程中，可以考虑车辆销售、购置相关的消费税、车辆购置税以及和车船保有相关的车船税，即围绕着"车"做一些文章，看能不能成为地方税的主体税源。我感觉这也是需要进一步考量的，对地方政府主要的税收来源也要给予充分考虑，否则地方政府的积极性会受到一定的影响。

今天我就利用这一点时间，力图把"供给侧"和"营改增"结合起来讲。有一些认识还很肤浅，有一些论点结合得也不够完美。好在是第一次来这里作汇报，以后我再进一步增强自己各方面的学识，有机会再来向大家汇报，谢谢各位！

【互动交流】

1."营改增"后的增值税立法需要考虑哪些因素？

听众：李教授，您好！我是华大法学院大二的一名学生，我想请教一个问题，您的报告是关于"营改增"的，那么未来在增值税立法方面，除了要考虑增值税税负的问题，还需要考虑其他什么因素吗？

李万甫：大二的学生，就能提出关于这个领域立法的问题，真不简单。"营改增"的立法一直备受关注，按照十八届三中全会提出的，除了部署安排税制改革的重要任务之外，还有一项重要的对税收方面的要求，就是落实税收法定原则。由于增值税在现行税收制度体系中具有非常重要的地位，"营改增"的立法问题尤为引人关注。

目前在我国的税收制度体系当中，18 个税种中只有 3 个税种经过全国人大来创设其法律制度，还有 15 个税种没有经过全国人大创立法律制度。按照"税收法定"的要求，这 15 个税种也应该纳入全国人大立法的范畴，这也是我国在 2009 年宣布"中国特色社会主义法律体系已经形成"时留下的缺憾。下一步增值税的立法，"营改增"是其中的重要一环。按照原来的安排，增值税的立法要经过五个环节：第一是"营改增"，第二是兼并税率，第三是完善增值税制度，第四是进一步健全财税体制，第五是完成增值税立法。现在我们只是开启了"第一步"，在增值税立法的过程中，从这五步就可以看出，它每前行一步对社会各个层面的影响和震动都是非常巨大的，应该说是任重而道远。

2. 供给学派的主张是否适合我国国情？

听众：李老师，您好！刚才您说过我国的供给侧改革也是借鉴了西方的理论经济学，或者借鉴了供给学派的主张，我想问，供给学派的主张到底是否适合我国国情？

李万甫：我想，对于西方的一些理论，我们要借鉴吸收，但是必须要结合我们中国的情况，不能照搬。20 世纪 80 年代美国里根政府实施的供给改革的一些方法，我们可以很好地借鉴，但是我们不能照搬。特别是在税收这一块，西方搞的减税就是减个人所得税和企业所得税，在供给侧管理过程中，减税是首要的。我国的"营改增"是减流转税，有一些人对税收这方面不是很了解，感觉大家都谈到了减税，我们就减个人所得税。然而由于个人所得税和企业所得税在我国税收制度体系中占比不是很高，减税的空间并不是很大，我们的减税是降低企业负担的流转税，企业承担的这一块间接税还是过高了。通过减企业流转税的方式，既落实了十八届三中全会提出的改革诉求，同时也顺应了"五大重点任务"中"降成本"要求。税收一定要作为一种制度被确定下来，之后它就是具有确定性的企业固定成本，减税会为企业赢得一定的利润和发展空间。这和西方的机制不一样，西方是国有企业私有化，我们现在的国有企业需要改革，通过资本运营来体现国有企业的价值，但同时要实行混合所有制，尽量发挥民营经济的作用。供给侧改革也好，需求侧改革也好，实际上手段就是这么多，关键是哪些手段更适合我们自身，用起来更方便、更有效。

3. 我国个税改革的计划进度如何？

听众：李教授您好！我想问刚才您提到西方里根政府改革时是个税的改革，虽然我们今天讲的主要是"营改增"，但我们国家的个税改革还有多远？

李万甫：个税的改革，未来的发展取向是分类与综合相结合，现在我们的个税制度是分类征收，下一步改革就是把个人所有的收入在代缴制的基础上再实行年终统一申报，清理一年赚了多少钱，缴了多少税，合在一起，将来有一个综合的扣除率，结合家庭、生活各个方面，有一些基本的费用要进行扣除，最后进行"多退少补"。

个人所得税未来的改革主要还是体现税款负担的公平性，所以我个人认为，未来个人所得税改革不是为解决"分配不公"的问题，目前单一代扣代缴制度下，个人的收入没有考虑家庭和赡养父母、抚养子女的必要费用扣除状况，所以不能把未来个人所得税的改革寄希望于解决"分配不公"，如果要解决"分配不公"，那么改革取向应当是个人所得税一定要拉开税率档次，最高边际税率 45% 也不够，应该到 60%，这样才能体现"分配不公"情境下多收入的部分就多缴税给国家的政策意图。但现在改革的方向，即个人所得税计税依据由"分类制"向"综合与分类相结合的混合制"转变，主要是解决收入负担税款的不公平问题。

虽然大家都在关注，但个人所得税的这项改革也还要经过一定的法律调整程序。此外，个税改革很大的环境制约因素是整个社会的现金流量过大，个人的收入监控目前还无法实现对全部收入状况的监管。监控不全面，税源就不完整。

4. 房地产税开征的目的是什么？是否会影响房地产"去库存"？我国未来是否会开征环保税？

听众：李所长，您好！我是泉州市鲤城区国税局的工作人员林书，您今天下午讲的供给侧改革策略和建议，我觉得对我们泉州经济发展有很好的借鉴意义。我想在这里提两个比较现实的小问题。一方面是刚才供给侧改革提到"二三线城市房地产去库存"的问题，现在又要开征房地产税，对像泉州这样的二三线城市房地产去库存是否会产生影响？从短期和长期来看，房地产税开征的目的是什么？另一个方面，我听地税部门的朋友说，接下来可能会开征环保税，请问是否存在这方面的税种？因为这也会对供给侧改革中的生产性行业产生一定的影响。

李万甫：房地产的"去库存"和目前的税收政策的关联度并不是特别大，这种库存怎么消化，最后谁来承担，真的还是比较困难。我个人通过各个层面了解到，去房地产库存是最为艰难的。房地产税的开征和房地产去库存暂时还扯不到一起，因为房地产税的开征还有一定的时间和过程。房地产的去库存也涉及地方债务风险，涉及金融风险，怎么去消化？靠"城镇化"是一条道路，但城镇化不是行政命令一下就能做到的。下一步能不能通过其他的政府购买方式？不管怎么说，在这些二三线城市形成的不动产库存状况，我个人认为参与者都应该承担必要的责任，既不能让国家独自来承担，也不能靠老百姓缴纳税款去承担，房地产商应负担重要责任。

至于房地产税开征目的的问题，我前面已经讲了怎么定位。

第二个问题，环保税的问题，去年国务院已经向社会公开征求意见，我们认为今年能够完成立法的税种就是"环境保护税"。但是，环境保护税从当初公布的草案来看，就是排污费的"变形"，现在排污费从"收费"改成了"税收"，提高了征收标准。当初的方案是由地税部门来征收，然而，这涉及一个问题，环保部门是原来征收排污费的机构，原有征收部门和人员将何去何从？而且在草案讨论中也提出了地税与环保两个部门应该形成什么关系。当初我也是受国务院法制办的委托，提交了一个有关环境保护税法的专家意见。我也私下做了调研，感觉这种制度可能会对未来的法律执行有影响。地税部门只是执行征收，计税依据是由环保部门提供的，将来引起法律纠纷，谁成为被告呢？排污费有四个部分被纳入了环保税中，还有一些排污费没有被纳入，所以环保部门的相关机构仍然还要存在，但是它又没有多少事情可以做。如果不需要它的存在，是不是应该将人员划给地税？从现在来看，地税人员还是比较富余的，地税部门能不能承接，这里面还有一些行政上的问题。环保税的征收范围，也涉及碳税的问题，这一次立法草案没有将"碳排放"纳入征税范围。

关于环保税的改革和立法思路，我认为，增值税是先改革后立法，像环保税、房地产税都应当先把法立起来，为后续的改革留有一定的空间，改变这种传统的先改革试点再立法的思维。能不能改成先立法后改革，哪一些项目什么时候开征，随着改革的进程而定。再如房地产税，不管什么开征目的，先对别墅征收，大部分别墅产权还是比较清晰的，对老百姓可能也有一个交代。别墅的居住者有支付能力，就先对他们进行征税。其他的征税对象，可以在立法之后渐次纳入。慢慢地，别墅被征了，五套住房以上、三套住房以上的也要进行征收，保证基本的住房需要，不能让所有的住房都去负担税款，如果所有的老百姓都反对这个问题，那么这个税种就会引起社会问题。先立法，至于各个层次的征税对象什么时候征收，随着改革和各方面的配套齐全，随着任务的要求，再决定什么时候征收，不要说这个东西搞得很健全很完善了再立法，不一定要这样。

环保税今年推出的可能性比较大，但从草案来看，跟排污费相比没有太多实质性的变化。顶多有所革新的最显著的一项，就是对碳排放的征税。碳税是不是放到环保税里面，几轮正反方意见相博弈，一方占上风了就放进去，过段时间，另外一方占上风了就拿掉。最后，碳排放是否纳入环保税的征收范围，还是会由立法机关确定。关于环保税法，我们拭目以待。

「华大讲堂」第61讲

主讲人：郭亚丁

时 间：2016年6月7日15:00

地 点：陈嘉庚纪念堂科学厅

深入开展"两学一做"，坚持全面从严治党

——习近平党建思想研究

郭亚丁　1958年12月生，浙江省委党校党史党建教研部主任、教授，党建研究所所长，政党研究中心主任，全国党的建设研究会特邀研究员。

主要从事政党与社会发展、政党比较、党的建设等方面的研究。出版《党的领导要论》《政党差异性研究》《全球视野下的共产党》《党建热点新说》《全面从严治党》《党员学党建》等学术专著6部，主编或参与撰写《党的基本知识简明读本》《新世纪党的建设伟大工程》《社会主义若干问题》等学术著作和教材11部。主持国家社科基金项目课题、浙江省社科基金重大招标课题等18项。在《人民日报》《光明日报》《政治学研究》《党建研究》等理论学术报刊上发表论文120余篇。

获省部级以上奖项一等奖三次，二等奖四次，连续多次获得浙江省委党校"教学质量优秀奖"和"科研优秀奖"，获浙江省委党校名师称号。

各位领导、各位老师大家好!大家都知道,"两学一做"是学党章党规、学系列讲话,做合格党员。习近平总书记十八大以后就经济、政治、文化、社会、生态等内容发表了一系列的重要讲话。在我看来,讲得最多、最丰富、最具体、最有分量的内容是关于党的建设问题。今天下午围绕习近平总书记对党建的论述进行讨论是非常有意义的,也和"两学一做"要求非常吻合。

接下来和大家讨论三个大问题,第一个问题是关于全面从严治党的背景意义;第二个问题是关于全面从严治党的主要内容,这是重点要讲的内容;第三个问题是关于全面从严治党的基本要求。

一 提出和强调全面从严治党的背景

(一)全面从严治党是实现中华民族伟大复兴的历史性要求

毫无疑问,习近平谈党的建设是和"中国梦"联系起来的。习近平在谈党的建设的时候不是就党的建设而谈党的建设,而是把党的建设放在一个宏大的历史背景下,置于特定的历史方位和时代坐标上,这使习近平党的建设思想具有历史的深邃性,历史视野比较开阔。

公元前 221 年,秦始皇统一中国。到了公元 618 年建立的唐朝,中国已经是世界上最强大的国家。想必在座不少人去过西安，因为那里曾经是盛唐的国都所在地，当年叫长安。长安当年繁荣到什么程度呢？走在长安街上，你可以看到来自中亚的阿拉伯商人，可以看到来自地中海沿岸的威尼斯商人，也可以看到来自日本的800多名留学生。可见，当年中国在世界尤其是亚洲的影响是巨大的。

我是从杭州过来的，杭州是南宋的国都，南宋当年的经济总量占世界的30%多，远远超过了现在美国对世界的影响。大家对世界地图都不会太陌生，定都北京的元朝，当时它的疆域非常辽阔，军队一直打到莫斯科，打到波兰，打到奥地利维也纳，向东一直打到日本海。我们再谈一个跟泉州有联系的历史——郑和下西洋，明代的时候中国的船队无论数量还是吨位都是世界第一，到了清代康乾盛世，中国仍然是世界第一。

我们中国的衰败主要是1840年鸦片战争之后，逐步沦为半殖民地半封建社会。1900年八国联军入侵中国，进入清朝的京城。前一段时间我应邀去大连讲课，晚上花了一点儿时间到大连的一个街头，站在那里环顾四周，很多大楼都是外国人建的，心情很沉重。

我之所以给大家简单地讲一些史料，是为了说明习近平总书记谈党的建设、讲"中国梦"，在当代中国党建不是目的，目的是要实现"中国梦"和国家富强、民族复兴、人民幸福。我们中国很多普通老百姓没有意识到一个问题：中国近代为什么会长期落后于西方社会？在我看来一个非常重要的原因就是中国近代社会是动荡不定的，发展是无序的。2001年中国的GDP超过意大利，2005年超过法国，2006年超过英国，2007年超过德国，2010年超过日本，中国已成为仅次于美国的世界第二大经济体。因为当代中国社会稳定，发展有序，而一个稳定有序的社会，客观上需要有一个强有力的政治力量，这种力量在当代中国就是中国共产党。所以，习近平有"不可替代论""命运共同体论"等观点，这些观点是非常深刻的。习近平曾经说，党的领导是中国特色社会主义的本质特征[①]。从某种意义上说，实现中国现代化，完成中华民族复兴大业确实非共产党莫属。

前段在台湾时，我接到新疆一位领导给我打的电话，他问我上半年有没有时间来新疆讲讲课。我去新疆讲过很多次课，但每次到新疆讲课最大的感受就是那里太大，新疆占了我们国家 1/6 的面积，那里的人空间概念和我们江浙一带的人不一样。有一次我去阿克苏讲完课以后横穿塔克拉玛干大沙漠，到了南疆和田。不知道要去的地方还有多远，就问路边一个维吾尔族老大爷，那个维吾尔族老大爷说："不远不远，还有 300 公里。"听那里的干部打电话很有意思，"老张你到了没有？""我快到了，还有 100 公里。"那里实在是太大了！谁在那里领导？就是中国共产党在那里领导。我绝不是危言耸听，如果中国共产党垮掉了，中国社会绝不是现在这种状态，这个国家真的需要这个党！

（二）全面从严治党是全面建成小康社会的客观要求

"中国梦"不是抽象空洞的，是具体的，五年后要全面建成小康社会。我们现在讲小康社会好像是脱口而出，这是惠及 14 亿人口的小康社会，是人类社会文明进程的一个伟大壮举。1979 年邓小平会见日本首相大平正芳时明确提出"小康"，后来有"中康""大康""总

---

① 《党的领导是中国特色社会主义最本质的特征》，《人民日报》2016 年 6 月 23 日，第 7 版。

康""全康",实现经济、政治、文化、生态、社会全面发展,实现更高层次、更高水平、更高质量的中国现代化。全面建成小康社会在"四个全面"中是一个目标、方向,在我看来全面深化改革是要解决动力、活力问题,而全面依法治国是要解决秩序、规范问题,这"四个全面"中党的建设是一个根本保证。所以,这就是为什么要全面从严治党。党的领导本身涉及一个方向、目标问题,改革能否达到预期目标,能不能有新的突破,很大程度上取决于党的领导是否有效。体现依法治国的方向、性质、目标,体现立法、守法,特别是执政党如何解决执法的问题,离不开执政党自身的一些行为规范。

（三）全面从严治党是保持党的先进性和纯洁性的内在要求

党的先进性和纯洁性不是与生俱来的,更不是天经地义的,当然也不是一蹴而就的。不重视党的自身建设,这个党就要衰竭,直到走向死亡,这是毫无疑问的。必须看到我们已经建党 90 多年,执政 60 多年,今天我们党面临的问题和之前不一样。习近平谈到党的建设政绩观的问题,习近平同志从更高的层次——政治层面来谈这个问题。他曾经讲,经济发展了,执政党执政到最后自己却垮台了,那还有什么意义呢?他从政治高度上来谈党的建设。

我们知道,苏共垮台的时候已经没有社会基础,所以,世界上执政党执政到最后垮台,可以找出很多种原因,但有一种原因是共性的,那就是政党自身出了问题。罗马尼亚社会开始动乱的时候,罗马尼亚共产党总书记、总统齐奥塞斯库正在国外访问,闻讯回国动用军队,没想到军队枪口一转和人民站在一起。当年的齐奥塞斯库和他夫人慌慌张张、匆匆忙忙，从党中央大厦的楼顶上坐直升机逃离，但最后还是被抓起来秘密枪决。这个政党到后期很腐败，罗马尼亚共产党总书记齐奥塞斯库自己的夫人是政府第一副总理，连他最小的儿子都是团中央书记，哥哥、弟弟、叔叔、舅舅等都是这个国家的党政军主要领导人，罗马尼亚共产党有时开会，主席台上坐的都是他们一家人，这个党还有希望吗？

亚洲有很多强人，去年一个强人离我们而去了，那就是新加坡前总理李光耀；还有马哈蒂尔，他所领导的巫统在马来西亚连续执政20多年，曾经创造了辉煌；还有苏哈托所领导的专业集团党在印尼连续执政30多年，也曾经创造了辉煌。但是，都是因为政党最后自身出问题了，到最后专业集团党的党旗都被老百姓烧了。苏哈托的家族掌控着印尼这个国家的经济命脉，这怎么行呢！墨西哥革命制度党连续执政71年，曾经把墨西哥建成拉丁美洲第二大经济强国，但到最后政党自身出了问题，内部派别林立分裂，后来导致控制不了局面，政党最后下台。该党有很多内部组织建构别具匠心，我们党内是党委组织部、宣传部、统战部等等，但是墨西哥革命制度党的党内是工人部、农民部、军人部、群众部等。事实上，它确实创造了辉煌，但后来自身也出了问题。

我们党，建党多年，执政多年，已经处于代际更迭的新时期。十多年前，我看到美国一个战略研究机构的资料提出，中共建党100年将是中共的历史拐点。1980年出生的党员到2021年也40多岁了，我们已经进入了"危险期"。历史表明，"政治代"的延续，会出现信息淡化、流失、失真、边缘化等问题，会导致政治代差的扩大、代质的下降，势必影响政治代承。因此，习近平总书记非常重视年轻干部的培养，他在浙江当省委书记的时候非常重视这个问题。今天如何来缩小政治代差、提高政治代质、解决政治代承，这是当代共产党面临的重大历史性、时代性课题。

"异化"是一个很古老的概念，在古典哲学中曾频繁被使用。当年讲异化主要是"移动变化"之义，今天讲的异化是指从本体中分离出来的、不同于本体的、不同质的异体。现在已经抓了140多个省部级干部，我们要面对这个事实。不要看有的领导在主席台上做报告讲得冠冕堂皇，实际上这个人已经不是共产党员了！周永康和令计划还是共产党员吗？当然不是。所以，政治异化问题不能不面对。60年前激情燃烧的岁月，那一代共产党人干革命干事业是有激情有热情的。不是说现在的干部没有，但是仔细观察会发现不以为然、理所当然、麻木等问题确实客观存在。

我讲课时经常会讲到我的人生经历。我曾夸下海口说，在当代中国的教授群体中，有我这样人生经历的教授在全国找不出几个来，因为我是工、农、兵、学、商、党、政、军十来种职业全部经历过，这在教授群体中不是太多，特别是在前线打过仗的教授肯定更少。在对越自卫反击战中，我是一名机枪手，曾经出生入死过，战争结束后，我上了大学。在座很多年轻人不知道，我们当年带着红领章、红帽徽到地方参加高考，按照地方录取分数线到大学读书。

和一些学者不一样，我既有理性的东西，也有感性的东西。经历了这么多职业，我发现今天确实存在很多问题，市场经济深度发展，主体的多元性问题会辐射、折射、移植乃至复制到党内。当共产党内出现利益分化的时候，你能代表谁？为什么习近平同志在十八大上特别强调要把"纯洁性"写进党章，习近平说要扎紧制度的笼子，我们的制度体制不健全不完善,这些问题都必须要面对,不能有效解决,怎么能保证党的先进性和纯洁性?这些问题不解决,就不能很好地有效地领导下去。

(四)全面从严治党是对党的建设规律的新探索

习近平谈党的建设,毫无疑问,他对党的建设规律有了新的探索和新的思考。在不同历史时期,我们党不同代的领导人都进行了一些探索。例如,毛泽东当年提出"思想建党",那就是对党的建设规律的探索。20世纪80年代中期,邓小平裁军百万,当时我是昆明军区的教官,28岁转业从云南回浙江,当教官的时候我就看过很多史料。红军早期不是我们想象中那样"美好",当年绝大部分红军战士是没有文化的大老粗,为什么要打仗?就是为了建立新世界。建立什么样的新世界?为谁打仗?为什么要打仗?这些问题不搞清楚行吗?当年部队集中起来,班长连"立正""稍息"都不会喊,因为他们没有文化,没有任何概念。部队集中起来,班长说"双腿并拢、双腿岔开",他不会喊"立正""稍息"。毛泽东说,没有文化的军队是愚蠢的军队[①]。部队需要教育,所以毛泽东提出思想建党的意义非常重大。我认为,邓小平在新时期是"路线建党",党的基本路线是"定海神针",意义非常重大。后来的其他领导同志也做了贡献,但习近平强调思想建党要与制度治党相结合,制度治党要和思想建党有机结合,它就是规律性的东西。

---

① 《毛泽东文集》第3卷,人民出版社,1996,第109~110页。

（五）全面从严治党是针对中国社会环境深刻变化对党的建设提出的新要求

习近平谈党的建设，毫无疑问，针对中国社会环境的深刻变化，他对党的建设提出了新的要求。习近平经常讲这个问题，我们当代中国社会，社会阶层加速分化，社会结构加速调整，社会层次加速升级，这个时期党的建设面临的问题是崭新的。去年，我去云南讲学，坐在飞机上，身边有一个贵州省安顺市的年轻人，我问他："你是中共党员吗？"他很自豪地说："大二就入党了。"然后我说："你现在还过组织生活吗？"他说："过什么组织生活？档案转来转去，不知道转到哪里去了，8年了！"现在的流动党员、档案党员、口袋党员等问题，是过去不可能出现的现象，现在越来越多了。党员的流动数量越来越大，范围越来越广，频次越来越高，怎么办？党建格局在发生变化，现在的党建环境完全不一样，就像在座各位都有手机，没有手机的是天外来客，人类已经进入了多维、立体、网络化时空，虚拟的世界已经不再虚拟，它是现实的世界。像我这样快60岁的人也经常网购，网购已成为我的一种生活方式，因为我住的小区旁边就是阿里巴巴。去年11月11日一天它的销售额就是500多亿元，网购已经成为青年日常生活的一部分，虚拟的世界不再虚拟。2015年十二届人大三次会议闭幕后，李克强总理答记者问时说他自己也开始网购了。

在网络化的环境中，党建是新的问题，理念发生了很大的变化。在座的去北京，假如有时间有一个地方值得一去，那就是北京798艺术区，走进去会像走进一个陌生的世界，能在里面强烈地感受到中国多元的思想文化，那里面写着"要想在江湖混，最好是光棍""别和我谈理想了，戒了！"等等。我们生活在这样林林总总、纷纷杂杂的社会中，现在的党建和过去完全不一样，因为环境不一样，我们面临的现实挑战非常严峻。

（六）全面从严治党是面对世界民主政治发展挑战提出的新课题

习近平谈党的建设，不是关起门来谈党建的，否则就会夜郎自大、自我感觉良好，那肯定不行。习近平在省部级干部会议上讲，西方也有"党鞭"，德国政党中也有监察委员会，等等，可见，他谈党建问题的视野是开阔的。人类进入21世纪，政党政治是最为普遍的一种政治现象，除了少数国家地区没有政党，像科威特、梵蒂冈、莱索托等这些特殊的地区没有政党，世界上绝大多数政权都是通过政党掌握才得以运作。

从某种意义上来说，我持有这样一个观点，国与国之间的竞争，某种意义上是政党之间的竞争，因为国家反映了执政党的执政理念、执政方式和执政成效。我们讲党建的时候，一方面强调个性特殊性，另一方面必须要遵循一般性和普遍性，这也是为什么既要依法治国，更要依规治党，这是政党现代化的必然要求。

哪一个政党不重视国家的社会基础？哪一个政党不通过政绩来赢得民心？哪一个政党不会塑造自己廉洁的政治形象？哪一个政党不重视在信息化环境中的生存和发展？今天，我们要面对民主政治发展的趋向，对我们这样一个从历史中走来的执政党提出了一些新的挑战和新的要求。

二 习近平关于党的建设思想的主要内容

去年中共中央党校出版社出版了一本书——《全面从严治党——学习习近平党的建设思想论述》，这本书是由我主持撰写的。对习近平党建思想的研究，我们做得比较早，2013 年就开始了。下面主要讲这本书的内容，仅供参考。

（一）坚定理想信念，坚守共产党人的精神追求

我们共产党是一个有理想、有精神、有追求的政党。党的"一大"最后一次会议在浙江嘉兴南湖游船上通过的纲领明确提出："把土地、厂房、机器、半成品收归社会公有"，"消除社会阶级区分"。可见，我们党从一开始就明确提出为社会主义、共产主义奋斗的理想。我们党的历史先河开得非常不错。"二大"提出了反帝反封建的最低纲领，我们党从一开始就是最低纲领、最高纲领的统一论者。90 多年前，那一批早期共产党人确实非常有理想和追求。"一大"代表王尽美，他原名叫王瑞俊，为了追求革命理想，尽善尽美地实现目标，把自己的名字改成了王尽美。现在好多年轻人挺难理解那个年代的人，但他们非常伟大。1925 年初王尽美"四大"结束后回山东，日夜工作，积劳成疾，肺病复发，病逝在青岛。临终前他讲："全体同志要好好工作，为无产阶级和全人类的解放和共产主义的彻底实现而奋斗到底。"[1] 非常感人。

---

[1] 《王尽美：尽善尽美唯解放》，《光明日报》2018 年 4 月 22 日，第 3 版。

约瑟夫·奈认为，一个国家有硬实力和软实力，政党同样也有。习近平是具有领袖素养的领导人，当年他从福建到浙江当省委书记的第十天，就专程去了嘉兴南湖。后来，习近平同志把浙江省委常委全部带到那里重温党的历史。当年他概括了三句话："开天辟地敢为人先的首创精神，坚定理想不折不挠的奋斗精神，立党为公忠诚为民的奉献精神。"① 今天很形象地把它比喻为"红船精神"，但实质是建党精神。之后，还有井冈山精神、长征精神、延安精神、西柏坡精神等等，中国共产党90多年来由小到大、由弱到强，它的软实力是非常强大的。邓小平在世的时候，有人问邓小平我们党为什么成功，邓小平言简意赅地回答，"一靠理想，二靠纪律"②。理想信念不是空洞的，它涉及世界观、人生观、价值观。在习近平看来，理想信念是党员干部的"总开关"，他认为我们现在好多党员出问题，就是因为"总开关"出问题。

习近平亲自组织中央政治局集体学习了两次辩证唯物主义和历史唯物主义。他多次强调，不能丢掉自己的看家本领。前几年开展的群众路线教育实践活动，群众路线那几句话，即"相信群众、依靠群众"就是世界观，"从群众中来、到群众中去"就是方法论。这涉及我们怎么看这个世界，面临问题怎么解决，这些非常重要。理想信念不可能一蹴而就，需要终生加强修养，才能得以强化深化。党性修养是党员干部的终身必修课。

---

① 《弘扬"红船精神"走在时代前列》，《光明日报》2005年6月21日，第3版。

② 《一靠理想二靠纪律才能团结起来》，《邓小平文选》第3卷，人民出版社，1993，第110页。

"中国梦"是人民的梦，党的理想是人民的理想。所以，要以人民为中心。我们今天讲加强党的自身建设，党员必须要增强宗旨意识，执政理念上必须坚持人民至上，执政追求上造福人民，力量上依靠人民。

为什么要强调理想信念？它是重大的意识形态问题。现在有一种现象，就是诬蔑、丑化、贬低领袖。现在有的党员已经不知不觉成为敌对势力的代言人、传声筒。毛泽东是我们共产党的一面旗帜，他就是一种精神力量的象征。"没有毛泽东，中国人民还要在黑暗中摸索更长时间"[①]，这话是邓小平讲的。

我爸爸 15 岁的时候参加了中国人民解放军，参加的第一战是淮海战役。我爷爷当初外出经商，不小心被国民党抓壮丁，也参加了淮海战役，我爸爸打我爷爷，把我爷爷打到台湾去了，所以我在台湾过春节就非常感慨。有一个年近九旬的台湾老兵对我说，当年国民党肯定打不过共产党，原因有很多，其中有一个非常重要的原因就是毛泽东的领导。绝对不能忽视领导的力量，华盛顿对美国历史的影响，拿破仑对法国的影响都是非常巨大的。三年前，习近平成为我们党的总书记，党发生了很大的变化，所以，不能忽视领导的力量。国民党为什么打不赢共产党？国民党当年的领导是蒋介石，共产党的领导是毛泽东，把两个人全面进行比较后可以发现，他们两个人不在一个层次上。毛泽东指挥的四渡赤水等战役，被美国西点军校列为世界上最成功的陆战案例讲到现在。毛泽东对史料信手拈来，哪个学者不敬佩毛泽东？毛泽东的文学水平，是蒋介石根本比不了的。毛泽东大气磅礴

[①] 《毛泽东与民族复兴道路上的四座里程碑》，《人民日报》2013 年 12 月 23 日。

和有思想、有艺术境界的诗词在中国影响很大，像《沁园春·雪》："北国风光，千里冰封，万里雪飘……"多么大气！最后"数风流人物，还看今朝"，多么豪气！谁的领导水平比较高？蒋介石当年经常坐飞机在战区上空指挥地面怎么打，而毛泽东则不同。现在研究毛泽东当年的电报发现都是大同小异，关键的时候就"由你们定了"，他很会放权。

（二）重视以制度治党，提高管党治党的制度化水平

1980年8月18日邓小平发表了题为《党和国家领导制度的改革》的讲话，但很长时间内我们没有很好地解决问题。"两学一做"首先要学党章。党章是党内的大法、总法和根本法，党章就是树干，其他的党内法规就是枝叶；党章是母规，其他都是子规。所以，从这个意义来看，党章太重要了。在座的同志可以问问自己熟悉党章吗？会发现好多党员一问三不知，我们做过调查。四年前出版过一本书——《党的基本知识简明读本》，由时任中组部部长李源潮、中宣部部长刘云山两个政治局委员亲自审定作为全国基层组织培育教材，这本教材当年就是由我来主持编写的。我在中央组织部待了六个多月，把参加编写的有关学者带到北京前门大街向南走到头的珠市口教堂搞调查，发现基督教徒都非常熟悉圣经的内容，而我们党的党章，大家熟悉吗？所以学习党章非常有必要。

制度是科学。习近平在浙江当省委书记的时候经常谈到制度是科学。达尔文曾说科学就是事实。在福建、在浙江、在中国、在外国看到的都是水往低处流，水往低处流就是一种科学现象，这是客观事

实的东西。制度是科学，科学是客观的东西，为什么任何权力都需要制约，这是科学，不是主观，是客观。权力是有共性的，权力存在等级性、侵犯性、交换性等特点，所以必须把权力关进制度的笼子里。

制度是系统。制度不是零件，是由零件组装起来的有机运行的系统整体。制度一定要有可操作性，程序化制度是人类政治化的趋向和要求。

习近平认为制度要有民主制度，也要有集中制度，一个都不能缺少，这就是为什么习近平特别强调要重视民主集中制的问题。民主制度的设计非常重要。大家到浙江去，不要仅仅关注浙江的经济文化，浙江的政治也有很多内容，比如说常任制，浙江最早实行，并且持续到现在。过去县里五年才开一次党代会，两三天就结束了，也没起多大作用，"会前握手、会中举手、会后挥手"。浙江的很多县一年开一次党代会，当然这项制度需要完善，但是这个民主制度设计非常重要。但只强调民主也不行！举一个例子，一个单位推荐谁当科长、处长，结果小李比小刘多了一张票，那他就可以当处长了吗？那怎么行。单位投票是民主，但最后投票结果很不理想。关系票、面子票、感情票、招呼票、利益票等等，影响民主的质量。

领导班子用干部，岗位是不是适合，搭配是不是适合，结构问题、整个队伍建设等都要考虑，个人投票有个人的感情色彩在里面，所以委任制与选举制各有利弊，但是该集中的必须集中。依法治国说得很清楚，地方立法中的重大问题必须报中央批准。十八大以后，中央集中非常明显。

制度治党的前提是要有制度意识。习近平在浙江任职的时候曾经批评一些干部,"什么话都敢讲,什么事都敢做,毫无规矩意识"[1]。要做到制度治党,就要形成制度意识、培植制度意识、强化优化升华制度意识。制度不能像稻草人,十八大以后习近平谈党建,强调制度一定要有权威。

我弃政从教,到浙江省委党校当教授已经20年了。我从政比较早,1995年就是县处级干部了。我20多岁的时候当过侦察兵,过去每天吃完饭以后,习惯在省委党校校园里到处转,每天晚上都可以看到有的领导干部很晚才从校外回来,满嘴酒气,满脸通红,走路东倒西歪。这对我们共产党的形象损害很大!这两年我观察领导到省委党校学习的,个个都老实多了,因为违反制度要付出代价。

制度治党,向何处发展?制度成效怎么评判?这些问题需要通过思想建党来解决。但要持续、稳定、长期、有效,如果没有制度治党,就无法保证,所以,习近平特别强调两者要产生叠加效应。

(三)坚持从严管理干部,加强干部队伍建设

我们党是世界上第一大党,在习近平看来,从严治党关键是从严治吏,吏是管人的,干部是吏。吏者,名之师也。没有师德是没有资格当领导干部的。在近代,"干部"一词来自日语,日语的"干部"一词来自法语,在法语中,干部是指"骨架"的意思。十八大以后,全面从严治党,中央是从政治局抓起的,这就对了!因为我们中国很特殊,党的自身设计很特殊,和西方政党不一样。党章规定下级要服

---

[1] 《认真学习党章　严格遵守党章》,《人民日报》2012年11月20日,第1版。

从上级，最后全党要服从中央。这是垂直、分层的组织架构，制度、体制、方式和组织构架决定着领导干部这个"关键少数"很重要！从事业发展看，领导干部本身就是决策者、组织者、执行者。我要特别强调的不仅仅是制度问题、体制问题、政治问题，它也是一个文化问题。在座的见到家乡的县长，习惯叫他们父母官，"当官不为民作主，不如回家卖红薯"，"上行下效，上梁不正下梁歪，中梁不正垮下来"。习近平谈党建经常从吏治文化中吸取很多营养。我认为中国之所以在很长时间里走在世界前列，是因为中国的吏治比较成功，反映了中国智慧、中国经验。

中国几千年的吏治到今天，沉淀为一种特有的社会心理和思维方式，中国老百姓内心深处是比较看重领导的，这和西方文化有差异。举一个例子，去年习近平去英国访问，英国首相卡梅伦把习近平带到酒吧里喝啤酒，电视画面的细节是卡梅伦走到酒吧里，里面的英国人坐在那边视而不见，因为首相就是一个职业。卡梅伦送小女儿去读书，走在街上和普通人一样，虽然后面也有保镖，但不像我们，文化背景不一样。我们要学习系列讲话，有利于治党治国。要是在美国，学习美国总统奥巴马的系列讲话，美国人民不会，他们没有这种文化背景。所以，研究很多政治现象的背后问题是文化。

我之前去台湾，那个老兵对我说，国民党打败不了共产党。美国前总统尼克松说周恩来是中共大管家，考虑问题很周到。尼克松说，中国没有毛泽东，革命的火燃烧不起来，没有周恩来，革命的火将化为灰烬。蒋介石是没有和中国共产党一样好的领导班子，副总统李宗仁和蒋介石两个人貌合心不合，相互拆台，最后一起垮台。共产党领导班子当年是相互补台、好戏连台。

　　非常有幸习近平当我们的总书记，因为他特殊的经历是宝贵的财富。15 岁的习近平下乡当农民，一当就当了 7 年。他出生那一年，他的父亲习仲勋已经是中宣部的领导了，很遗憾 1962 年被错误地隔离审查，一隔离就是 17 年。当年习近平很想到自己的家乡陕西富平县插队，但是人家和他划清界限，无奈只能到旁边的延川县。当年的习近平年轻，也很想进步，在农村当农民的时候曾经写过十份入党申请书，都没有让他入党。后来经过努力，不仅入了党，而且 20 岁当了大队支部书记。之后去清华大学读书，大学毕业以后做了耿飚的秘书，当了 3 年现役军人。我有一次给军队讲课，中间休息的时候，一个军长对我说："郭教授，军队里对习近平的评价很高！"为什么？他熟悉军队情况，抓得准、抓得狠、抓得有效。他一当军委主席马上就指示野战军正师级以下干部没有在连队待过的，必须下去。不熟悉连队情况，能够当好团长、师长吗？去年的阅兵式，将军亲自带队走正步。我之前去一处部队讲课，接待我的团长吃得肥头大耳的，肚子挺着，这怎么打仗。养兵千日，用兵一时，不仅要能打仗，还要打胜仗。

　　习近平 28 岁当了河北正定县县委副书记，30 岁做书记，32 岁到厦门当副市长，35 岁是宁德地委书记，38 岁当福州市委书记，40 岁是福建省委常委，46 岁是福建省省长，49 岁是浙江省委书记，54 岁是上海市委书记，59 岁是总书记。习近平的经历确实很特殊，西部待过，东部待过；北方待过，南方待过；军队待过，地方待过；政府部门待过，党委部门待过；发达地区待过，欠发达地区也待过。他在浙江当省委书记的时候，有一次接受陕西电视台的采访，他说在我离开梁家河去北京读书的早上，我打开窑洞门的瞬间惊呆了，看到密密麻麻的老百姓围得水泄不通来送行。这些老百姓为了让习近平在窑洞里多睡一会儿，安静地站在窑洞前很长时间。习近平很感动，他说那一瞬间就发誓从政以后要多为老百姓做事。

（四）继承和弘扬党的优良作风，反对和整治不良风气

作风是组织主体、党员个体素质外化所表现出来的行为现象，作风是可视、可见、可感受的，所以作风是群众判断干部、社会成员评价政党最基本的依据。习近平说作风不是小事，它涉及认可度、美誉度、评价度的问题，所以提出我们党员要成为党的形象大使。

解决作风问题要通过严肃党内政策。政治生活在今天看来非常重要，我们共产党有很多政治创造，如批评和自我批评。毛泽东当年和任弼时拍桌子，毛泽东拍桌子气得不得了，说："我撤了你的职！"任弼时也拍桌子说："你撤我的职，我还要讲！"毛泽东最后又说："你讲得对！"大家都是为了工作、为了事业，开诚布公地放在桌面上解决问题。现在有一些单位领导班子不团结，是因为当面不说，背后乱说，出现很多问题。

习近平为什么亲自参加河北省委常委民主生活会？那都是有深意的。现在一些单位的民主生活会就是相互吹捧。我们党现在讲的很多问题，在那个时候已经显现。特别是今天的年轻同志不知道组织生活是什么，没有经过严格的党内组织生活锻炼。浙江有一些党组织过去组织生活就是去西湖边上走一走，有的还打牌比赛，把组织生活娱乐化、简单化、形式化、庸俗化，所以要纠正党内作风就要严肃党内生活。

中国式的政治链条，中国式的逻辑关系、因果关系是特别的。"两学一做"的基础是学，关键是做，要落到实处，解决作风问题。在习近平看来，不能"眉毛胡子一把抓"，要对准焦距、找准穴位、抓住要害。大学里也有形式主义，每年 3 月 5 日学雷锋，这么多大学学雷锋都集中在这一天，这就变成了形式主义，搞得城市敬老院的大妈既盼这一天也怕这一天。上午来了一波年轻人帮她洗澡，她挺高兴，中午又来一波年轻人给她洗澡，到了下午又来了一波年轻人给她洗澡，一天洗了三次澡，本来身体好好的，结果洗感冒了。习近平讲，不良作风有顽固性、反复性、长期性，作风建设永远在路上。

（五）做好基层基础工作，夯实党执政的组织基础

习近平强调，基础性的东西符合共产党历史运行轨迹。共产党在历史上是从基层发起的革命，革命力量是在基层培植发展壮大起来的，所以要重视基层基础性工作。举个例子，大家不要随便说熟悉党徽，我们搞了一个调查，请一些党员站起来准确表述一下共产党党徽，有人不假思索脱口而出"镰刀斧头"。党章准确表述是"镰刀锤头"。

从表面看，党员规模很大，但政党稳固不稳固不取决于它的数量，而取决于基础是否牢固。这就是多年来经常讲的，20 万苏共党员夺取国家政权，200 万苏共党员打败希特勒，2000 万苏共党员最后垮台了。所以，习近平特别强调基层基础性工作。

西方政党的基层组织主要搞政治选举推选政治候选人，我们共产党的基层组织有自己的特殊功能，我们有组织功能、动员功能、稳定

功能、教育功能、引领功能、示范功能、整合功能等。像在座有的人喜欢打球，都知道球是圆形便于滚动，三角形的结构当支架很好，很稳定。盖房子为什么要用砖？砖是矩形结构便于叠加。目标引导结构，结构决定功能。中国是以党建国、以党治国的国家，治理体系、治理能力非常重要的主体就是党组织。凡是党组织很健全、活动很有序、工作很有效、党员做得好的地方，矛盾就很小，反之则大、则多、则尖锐。

中国式的政治逻辑、中国式的政治因果关系、中国式的政治链条在英、美、法、德、意、加等这些西方国家都看不到。西方政党多元分立、局部重合。我们是整体交叉、整体覆盖、整体重合。要解决这个问题，在习近平看来要有组织。习近平在浙江的时候强调支部建在"楼上"。只有服务才有根基，只有服务才有力量，只有服务才有活力，只有服务才有未来。所以我们今天主要是在服务上做文章，但还是不够。在习近平看来，党是政治组织，具有政治功能，不能混同一般的社会团体。学雷锋做好事不是不可以，但政治功能不能被弱化了。政治功能是魂，服务功能是根，两者要统一到党内实践当中。

（六）坚决反腐肃贪，建设廉洁政治

人类进入 21 世纪，没有哪个国家是允许腐败的。有报纸爆料，德国前总统武尔夫之前当州长的时候，有几次住在豪华宾馆里，钱是富豪给付的，证据确凿，虽然过去了很多年，照样追究法律责任。以色列前总统卡扎夫，很有才华，诗句写得很优美，但这个人就是讲话太随便、举止很随意，总统府内有一些年轻女性屁股大一点儿的走过来，他经常手伸过去拍一拍说臀部很性感，这有损国家形象，不得不辞职。

政治文明步伐大踏步向前迈进，我们如果不能解决腐败这个问题，不能有廉洁清明的政治，还能再继续下去吗？怎么解决腐败这个问题？习近平特别强调体制建设，浙江之前做的力度很大，领导干部的财产要抽查。为什么有腐败？在习近平看来，是特权思想在作怪，有一些领导之所以腐败是唯我独大、唯我独尊，诸如此类。"老虎苍蝇一起打"，老百姓拍手叫好，世界公认十八大以后中共确实做出了成绩。但光打老虎不拍苍蝇也不行，老百姓说老虎离我们太远，苍蝇扑面打脸。我们今年搞"两学一做"是有战略意图的，"三严三实"针对的主要是处级以上领导干部，"两学一做"覆盖全面，针对全部基层组织和全体党员。

要把权力关进制度的笼子，人掌握着权力，人有自私性、贪婪性、懒惰性。人的弱点是客观存在的，人的欲望时大时小、时强时弱、时明时暗，不同的时候会体现出来，所以任何权力都必须关进制度的笼子。但仅制度治党是不够的，因为制度设计不可能覆盖一切，所以光解决"不敢贪""不能贪"远远不够，还要解决"不想贪"。我们现在还没有做到，那是一个更高的层次，所以不仅要法治，还需要德治，相得益彰，相向发力。

（七）严格执行党的纪律，维护党的集中统一

习近平非常重视党的建设中的纪律问题，他认为纪律是我们党的光荣传统、独特优势，确实如此。毛泽东很伟大，他上井冈山马上就

颁布《井冈山土地法》，红军来了掌政权、农民人人都有田，老百姓就拥护你。后来才有"红米饭、南瓜汤、秋茄子、味道香、餐餐吃个精光"。老百姓开始拥护你了，但还不够！三大纪律八项注意，加强纪律性，革命无不胜！早期红军没有我们想象中那么美好，当年红军中有体罚、打骂、私吞财产，甚至还有人霸占地主小老婆。毛泽东很伟大，把军队改造成无产阶级革命军队。习近平看问题看得非常准，共产党讲纪律是传统优势，但最重要的纪律是政治纪律。在座的党员一定要在党言党、在党为党、在党爱党、在党忧党，是中共党员就要为党好，最根本、最重要、最关键的是政治纪律，还有组织纪律。

对于党纪，任何人没有特权，都必须要遵守。把纪律挺在法律前面，破法先破纪。正因为党员是先进分子，因为党是先锋队，党是中国的领导核心，所以要比对老百姓的要求更高。讲纪律要树立权威，权威很重要，一个单位开会稀稀拉拉，纪律涣散，说明这个单位组织和领导没有权威。在讲纪律的时候，很重要的是要维护权威。60年前没有毛泽东的权威，我们完成不了民族解放。30年前没有邓小平的权威，我们不能开创改革开放新局面。现在需要习近平的权威，需要党中央的权威，权威是客观的。

三 落实全面从严治党的基本要求

一是要敢于担当。我们要加强党的建设，担当是一种责任，担当是一种境界，担当是一种精神，所以，习近平特别强调担当。1919年，毛泽东年轻的时候非常有担当，他在《湘江评论》里写道，"国家是我们的国家，社会是我们的社会，我们不说谁说，我们不做谁做"，铿锵有力。习近平讲关于反腐败问题，"党和国家的命运交给我们了，我们不反腐不行"。

习近平在浙江当了五年省委书记，在由他的 232 篇文章汇集而成的《之江新语》中就强调"担当"。习近平爱看书。当年习近平作为知青下乡，当地的干部去车站接他，有一个年轻干部想偷懒，找一个小箱子来搬，没想到小箱子最重，原来里面装着习近平的书。领导讲文化的东西，自己没有货是讲不出来的。习近平有一个特点，如用吏治文化来阐述今天的党建观点，我觉得非常有道理。没有文化的民族难以成为强大的民族，没有文化的政党不可能成为强大的政党。政党的文化建设太重要了！

二是要全面推进党的建设。党建内容不能缺少，党的思想建设、组织建设、作风建设、制度建设、反腐倡廉建设不能有遗漏，要全覆盖。党建主体不能遗漏，中央组织、地方组织、基层组织，党委、党总支、党小组、党员，所有主体都必须参与。全面从严治党讲的是一种时态，讲的是一个过程，有始无终不叫全面，自始至终才叫全面。全面讲的是措施齐共进，要齐抓共管。我们讲全面从严治党，必须要全面推进党的建设才能出效果。

三是必须从严管党治党。习近平说，过去出问题就是因为施之以宽、施之以松、施之以软、施之以空。单位有领导批评你，那真的是对你的爱，年轻人就是在批评中成长成熟起来的。有一些单位领导老是护着捧着，结果很糟糕，严师出高徒。1979 年，我曾参战，大学毕业后 24 岁就开始带兵。我是带过兵打过仗的教授，是有深刻的实践体会的。

党的十八大以后，党风发生了很大变化，其中之一就是"严"，习近平特别强调这一点。当代中国正处于现代化良性发展时期，千万不要轻易中断进程，要珍惜，要抓住和利用好这个历史机遇。

四是以务实作风加强党的建设。要取得成效，需要务实。《干在实处走在前列》是习近平在浙江工作时出版的一本书，我希望大家翻一翻，它的语言、形式、内容都非常务实。任何人在组织中都想有所升迁、被认可，可以理解，但不要当"墙头草""推拉门"，制度不能像橡皮泥、稻草人，"打铁还需自身硬"。我们发现，习近平在分析党建问题的时候是很实在的，这一点有人说习近平的语言风格像毛泽东。有一点可以肯定的是，毛泽东思想对习近平影响很大。

我有一次去苏南无锡讲课，那一天他们搞得规模很大，在所谓的中国第一村华西村大礼堂，现场坐着几千名干部，我那天身体状况不错，站起来一口气讲了近三个小时。我是28岁转业从云南回浙江，第一个职业是做了两年多的佩枪警察，后来自学考了经济学研究生，研究生的毕业论文就是写"域差"。现在江苏的实践证明我的观点是对的，苏南苏北差距很大，广东的珠江三角洲还可以，它的北边、东边、西边也是落后的，浙江是全国范围内省域差别最小的一个省份。县级财政收入300多亿元、200多亿元、100多亿元，70亿元、80亿元的在浙江省很普遍。习近平当年在浙江有统筹考虑，城乡统筹、局域统筹，这些都很务实，他分析问题是务实的，解决问题也是务实的。十八大以后有很多问题需要解决，八项规定能做好就不错了，这就是务实。所以，今天任何单位都要很好地研究区情，特定单位的情况要研究透，务实很重要，"踏石留印，抓铁有痕"。

五是重视党建工作的传承与创新。中国共产党历史悠久、实践丰富，风风雨雨，坎坎坷坷，磨炼锤炼到今天。在世界范围内，中国共产党的精神财富、精神资源独一无二、无与伦比，这一点我们一定要为之自豪。巴西共产党总书记在世界政党论坛上发表演说的时候，激动地说："长征不仅是中国的，长征应该是世界的。"我们中国共产党的精神非常丰富，在世界政党发展史上，现在有人统计，世界上230多个国家有6000多个政党，但是比较起来中国共产党确实很了不起。有一次去四川，当地的老百姓说起新中国成立初期，在四川雪原上发现了大批红军的遗体，很遗憾没有用照相机拍下来，红军战士牺牲时的姿势令人震撼，这就是长征。因为在行军的时候，队伍很长，在十字路口不知道往哪里走，有的红军战士要牺牲了，最后一口气还想着为红军做一点事情，摆出一个"前进"的姿势就去世了，用自己的身体当路标！这样的党怎么可能不兴旺，我们是有政党文化的政党！

现在是21世纪，我们管党治党的理念、管党治党的方式不能完全一成不变，就像我们现在对流动党员的管理方式一样，也要有所创新。有一年在晋江搞调查，晋江一个老板跟我说，郭教授，春节以后我企业30%的党员都走了，本来可以建立党总支，现在建不了了。中国共产党现在处于传统格局向新格局转变的时期，是一个历史性的转变，没有创新的观念不行，党建要创新，政党要现代化。

六是党的建设工作要优选路径方法。要全面从严治党，光有想法没办法也不行，方法很重要。在福建时，35岁的习近平当宁德地委书记之后出版了一本书《摆脱贫困》。关于解决贫困问题，他说要"水滴石穿"，从量变到质变，过去讲新官上任三把火，而我大火不烧烧小火。今天很多东西光有精神、有热情还不够，方法很重要。十八大以来，不仅讲法治，也讲德治，这是刚柔并济法，使之相得益彰、相向发力。十八大以来，重新修订和颁布了许多党内法规，这是"立"，同时强调"做"，这是"行"，这是立行统筹法。"三严三实"主要是针对党员领导干部，但仅仅"关键少数"是不够的，因为党不是抽象的，是很具体的，是党员政治个体构成了政治集合体，所以每个党员都要成为主人。我们讲"两学一做"，普通党员当看客和旁观者是没有希望的，一定要成为主人。于是就必须有"上下统一法"。总之，有良好的方法才能取得良好的成效。

我说的这些仅供参考，说得不对的地方欢迎大家批评指正。新浪、腾讯上有我的实名微博，如果大家有问题可以在上面和我互动。谢谢大家！

【互动交流】

1. 党建和经济建设有什么关系？对经济有什么意义？

听众：我是华侨大学大一的学生，刚才您围绕"两学一做"和全面从严治党向我们展开了精彩的演讲。在经济增速放缓的情况下，我们党开始把重点放在党建上，是不是有一点顾头不顾尾，或者说侧重点和经济建设又有什么关系？对经济有什么意义？

郭亚丁：第一，这个问题是宏观问题，也是一个很尖锐的问题，政治经济学，政治和经济分不开，党建是上层建筑，生产关系、生产力都联系在一起，这是一个基本的观点。你说经济增速放缓，要换一个角度来看，我们不可能有像 20 年前那样的增速，要优化结构，特别是要集约化，不是粗放型发展，肯定要调整结构。我去江苏，印象最深的就是江苏有很多钢厂，现在生产钢铁的总量比英、美、法、德、日等这些国家的总额要多得多，今天来看，像这种情况怎么可能持续下去，环境承载力也不行，所以就需要放缓，这是一个经济学的问题。但是发展的速度也不能太慢，中国每年需要解决1000万左右的新增就业岗位，但这和党建的问题不矛盾，是两回事。从今天看来，"两学一做"本身就是中央全面从严治党战略布局的一步，明年要召开十九大，而且一年一年抓下来，打老虎拍苍蝇，老虎抓了很多，军队里抓了四十多个军级干部，这些问题解决了。但是光抓高层领导还不行，所以"两学一做"要覆盖所有的基层党员，未必每个单位都抓得有效，这是十八大以来的一个战略部署，不是因为经济不行了才抓贪官，不是这样。

第二，换个角度来说，抓好党建可以促进发展，党的先进性是历史的、具体的，关键看能否推动社会发展。从这个角度来说，浙江新农村建设治理"五水共治""三改一拆"是有意义的，因为杭州要召开G20峰会，成千上万的外国人来了，感觉浙江现在非常美丽。浙江是从党的建设统筹推动各项工作，包括农村的经济发展。胡锦涛当年说，"浙江走在全国的前列"，其中也包括党的建设。

2. 从严治党的着重点应该立足于中央和高层，还是立足于基层干部？

听众2：郭教授，我是华侨大学的学生，我想问坚持从严治党，中国共产党现在有接近9000万共产党员，从严治党的着重点应该立足于中央和高层，还是立足于基层干部？

郭亚丁：不能简单地说就是高层或者基层，"全面"无疑指的是都要包括进去，因为党是一个整体，这和西方政党不一样。现在美国总统候选人所在的政党也有基层组织，他们也有中央委员会，但他们的政党组织相对来说是形式或者虚拟的、不稳定或动态的，主要作用是推举政党候选人参加选举。他们和我们不一样，年轻的党员一定要学一点儿共产主义的历史，要有历史的底气和自豪感。160 多年前，1847 年 6 月国际无产阶级的第一个共产主义政党——"共产主义者同盟"诞生的时候，就有章程了，党员就有七条标准。在座的年轻人外语比我好得多，你们查一查，美国共和党、民主党的党章，从头到尾找不到一条党员标准，这就是美国政党。所以在美国入党很好笑，上午在华盛顿的大街上你说"我是共和党"，你就是共和党；下午你到了旧金山说"我是民主党"，你就是民主党。在美国入党是随便说说的，只有表达不同政治倾向的选民，没有严格意义上的党员。我们共产党是有标准的，我们现在党章第一条到第四条，特别是第三条有八项义务，做好了就是合格党员，没做好就不合格，很具体，其他政党标准就很模糊，甚至是没有。所以，我们党员要知道我们共产党是有自己的政治设计和政治理念的。

3. 中国共产党面对当今多元的思想和文化潮流，该怎么做？

听众 3：郭教授，您好！我是华侨大学 2015 级法学院的学生，您刚才在讲座中多次提到了中共党员要统一思想才能更好地应对未来的挑战。我有一个问题，如果说要统一思想，现在的社会是多元化的社会，中共党员要面对不同的思想，面对多元化的社会，如何明辨是非，如何作出更好的选择？中国共产党面对当今多元的思想和文化潮流，该怎么做？

郭亚丁：在讲座中讲到了一个问题，多元文化是客观存在的。首先要有一个定位，党员的价值观一定要相对统一，不能多元。在党内搞多元思想就不行。你是中国共产党党员，这个定位一定要清楚，定位清楚了以后，定向就清楚了。"两学一做"中，学是基础，做是根本。学是基础,就要统一思想,因为我们的党员分布在各行各业,确实有这样那样的问题,确实需要学习统一价值观,现在都在宣传社会主义核心价值观,从某种意义上来说,核心价值观就是占主导支配地位的价值观,但不能否认价值观确实有这样那样的,这很正常,但我们要提倡主导的、主流的。要解决这个问题,但是我们必须承认不可能完全替代它,那是一个长期的问题,假如都解决了,人类社会就实现共产主义了,那是非常遥远的未来。浙江省这几年是物质富裕、精神富有,大家到浙江去,每一个县、每一个乡镇全部有文化礼堂,让老百姓不进教堂多进礼堂,这就是一种引导,一方面去引领他们的价值观,另一方面也要去整合,靠什么整合?在中国就是核心价值观,这么庞大的十多亿人口,不可能所有的公民都一样。

「华大讲堂」第 62 讲

主讲人：许耀桐

时 间：2016 年 11 月 16 日下午 3:00

地 点：陈嘉庚纪念堂科学厅

坚定推进全面从严治党

——十八届六中全会精神解读

　　许耀桐　国家行政学院一级教授、博士生导师，享受国务院政府特殊津贴，曾任政治学教研部首任主任及科研部主任。1988～1989年，担任湖北省中青年政治学研究会副会长。1991～1992年，在英国曼彻斯特大学政府系作高级访问学者。1997年起，担任中国科学社会主义学会常务理事、副秘书长、副会长。1998年起，担任北京市政治学行政学学会常务理事、副会长、学术顾问。2001年起，担任中国政治学会副秘书长、常务理事。2002年起，担任北京科学社会主义学会副会长、会长。

　　主要从事政治学原理和方法、中国政治体制改革、政治文明与民主政治发展等方面的研究。20年来，除了编著教学所需的基本教材之外，主要精力都投入"民主政治研究"这一堪称"当代中国政治学的第一课题"，并取得丰硕成果，被誉为"中国民主政治理论的思想者"。

　　主持完成3项国家社科基金项目、20余项省部级课题。专著、合著、主编的著作和教材有《政治文明建设与民主政治发展》《西方政治学史》《政治学》《中国基本政治制度》《中国政治新特征研究》《依法治国与坚持党的领导》《中国国家治理体系现代化总论》等20余部；发表论文及文章400余篇。

　　主要兼职：北京大学政府管理学院教授、政治学理论与方法专业博士生导师，中国科学社会主义学会副会长，国家社会科学基金项目学科评审组专家，国家科技部发展战略咨询专家，马克思主义理论研究与建设工程专家。

　　十分荣幸受到邀请，来到久负盛名的"华大讲堂"，向大家汇报学习党的十八届六中全会基本精神的一些体会。

　　大家知道，六中全会聚焦"全面从严治党"这个主题，制定通过了两个重要的党规，一个是《关于新形势下党内政治生活的若干准则》，再一个就是《中国共产党党内监督条例（试行）》，同时也为2017年召开党的十九大做了准备工作。六中全会取得了圆满成功，可以说在党的历史上具有里程碑意义。六中全会全面评价了十八大以来我们党在推进全面从严治党，在坚持思想建党和制度治党，特别是集中整治党风、严惩腐败、净化党内政治生态等方面取得的重大成就。所以，这次全会非常重要，会议的精神确实值得我们很好地学习体会。

　　今天下午根据我个人学习的情况，主要向各位领导和同志们汇报三点认识：第一,六中全会为全面从严治党作出了新贡献；第二,六中全会为全面从严治党树立了新理念；第三,六中全会也为全面从严治党向我们提出了新要求。这样三个问题，我想大家比较好记，就是讲了三个"新"：新贡献、新理念、新要求。我以为，只有通过也必须用这三个"新"，才能很好地概括六中全会的基本精神。

一 六中全会为全面从严治党作出新贡献

六中全会为全面从严治党作出了多方面的贡献，这里集中讲三大贡献。通过这三大贡献，大家就能认识到我们党的全面从严治党工作进入了一个新阶段。

1. 六中全会完成了全面从严治党的新部署

第一个贡献，就是六中全会完成了"全面从严治党"的新部署。大家知道，十八大以来习近平代表党中央提出了"四个全面"战略布局。"四个全面"是在十八大后分别通过三中、四中、五中和六中全会得以部署完成的。

第一个是"全面深化改革"。2013 年我们党召开十八届三中全会，三中全会的主题，就是研究全面深化改革，会议通过了《中共中央关于全面深化改革若干重大问题的决定》，分 16 个部分，整整 60 条，提出了 200 多项改革措施，这就完成了第一个"全面"的部署。

第二个是"全面依法治国"。2014 年我们党召开四中全会，通过了《中共中央关于全面依法治国若干重大问题的决定》。这个决定提出了全面依法治国的很多新规定、新制度，有 180 多项新举措。所以，到 2014 年，我们也完成了全面依法治国战略的部署。

第三个是"全面建成小康社会"。"全面建成小康社会"是 2012 年党的十八大首先提出来的，过去叫"全面建设小康社会"。在十八大报告中，初步提出全面建成小康社会的五个方面要求。到了 2015 年，我们党召开十八届五中全会，提出和制定"十三五"规划。"十三五"

规划完成了"全面建成小康社会"的部署。

在我们党召开十八届六中全会之前，"四个全面"可以说是"四缺一"，只剩一个还没有部署。而且，也是最关键的一个，这就是第四个"全面"，即"全面从严治党"。

那么，六中全会怎样完成全面从严治党的部署呢？主要通过制定两个党内法规来完成这个部署。这里，我引一段习近平在六中全会上的讲话：党的十八届三中、四中、五中全会相继就全面深化改革、全面依法治国、全面建成小康社会进行了专题研究，这次六中全会再以制定／修订两个文件稿为重点专题研究全面从严治党。这里提到的"两个文件稿"，就是指两部党规的起草稿。两部党规通过，六中全会胜利完成了全面从严治党的部署。

六中全会完成了全面从严治党的部署，不但是它自身完成了这么一个重大部署，而且也使整个"四个全面"战略体系得以最终完整部署，这凸显了六中全会的重大意义。这就是我们要说的六中全会的第一个贡献。

2. 六中全会极大地提升了制度治党的水平

在座的各位领导都很熟悉我们党的建设情况，都会感觉到十八大前后我们党的建设有一个明显的变化。这个明显的变化就是，十八大以后我们把党的建设重点放在了制度治党上。这里，我仅从一个方面对制度治党做一个说明，这就是制度治党首先要加强制度建设。十八大以后，我们党是通过"三个步骤"来强化党的制度建设的。

第一个步骤，就是对原来的党规党纪进行清理。我们党历史悠久，建党已95年了，时间一长究竟制定了多少党规党纪也不清楚了。所以十八大以来，通过对新中国成立至2012年6月出台的23000多件中央文件进行全面筛查，共梳理出规范党组织工作、活动和党员行为的党内法规和规范性文件 1178 件。经过清理，总计废止 322 件，宣布失效 369 件，二者共占 58.7%；继续有效的 487 件，其中 42 件需适时进行修改，这就弄清了"家底存货"。

第二个步骤，我们党还要不断制定新规。因此，2013 年我们制定了《中央党内法规制定工作五年规划纲要（2013～2017 年）》。这个纲要现在已经挂在网上了，大家可以随时去查看。纲要规定，五年中我们要从九个方面进行党的制度建设。

第三个步骤，2018 年以后我们党还要继续前进，而且到 2021 年即中国共产党成立 100 周年，我们党就将成为百年老党，这是非常自豪和光荣的事。所以，现在提出到建党 100 年的时候，一定要建成一套内容科学、程序严密、配套完备、运行有效的党内法规制度体系。

可以说，十八大以来党的制度建设，就是按照清理、修改和制定，然后达到"完善"这"三个步骤"来进行的。

这里我还要强调一下，最近一两年来，我们党的制度建设力度特别大。比如，去年制定、今年 1 月 1 日开始实施的《中国共产党廉洁自律准则》和《中国共产党纪律处分条例》，今年 6 月制定、7 月开始实行的《中国共产党问责条例》，都是我们党的制度建设的力作。

那么，这次六中全会又制定了两大法规，而且起到"全面从严治党"部署的作用，这就进一步突出了党内法规的重要地位。为什么这样说呢？因为刚才讲了，我们党对"全面深化改革"的部署，十八届三中全会通过了一个决定；对"全面依法治国"的部署，四中全会也通过了一个决定；对"全面建成小康社会"，五中全会通过了"十三五"规划建议。那么，这一次对"全面从严治党"的部署，按理也要通过一个全面从严治党的决定或者一个规划才行，但是，并没有这样的决定或规划。习近平讲得很清楚，我们主要是通过制定两部党规来进行"全面从严治党"部署的。

为什么这两部党规——《关于新形势下党内政治生活的若干准则》（以下简称《若干准则》）、《中国共产党党内监督条例（试行）》（以下简称《监督条例》），可以起到部署"全面从严治党"的作用呢？因为《若干准则》《监督条例》把我们全面从严治党的方方面面都讲到了，我们全面从严治党的很多内容，都体现在《若干准则》和《监督条例》中。

党内法规为什么可以对全面从严治党进行部署？党的制度是通过党内法规来确立的，党内法规就是党的制度。党内法规现在共有七大类，即党章、准则、条例、规则、规定、办法、细则。其中党章是对党的性质和宗旨、路线和纲领、指导思想和奋斗目标、组织原则和组织机构、党员义务和权利以及党的纪律等作出的根本规定；准则是对全党政治生活、组织生活和全体党员行为作出基本规定；条例是对党的某一领域重要关系或者某一方面重要工作作出全面规定；规则、规定、办法、细则对党的某一方面重要工作或者事项作出具体规定。以上七大类分宏观、中宏观、中观、微观四个层级。显然，党章起着宏观作用，准则起着中宏观作用，条例居于中观层面，规则、规定、办法、细则着重于微观方面。这样一分析大家就知道了，《若干准则》的地位仅次于党章，再加上《监督条例》，可想而知全面从严治党就是党的一个重大领域的工作问题，《若干准则》和《监督条例》当然能够胜任这样的部署。

这就是我们说的六中全会作出的第二大贡献，提升了我们党的制度化建设水平。两部党规制定得非常好，它的文本结构、制定的条文以及所包含的思想，确实水平非常高。

3. 形成了以习近平同志为核心的党中央领导集体

十八届六中全会的第三个贡献，就是形成了以习近平为核心的党中央领导集体，这个贡献非常重大。十八届六中全会第一次确立了以习近平同志为核心的党中央，这是一个全新的提法。

当然，党的领导核心问题，并不是十八届六中全会第一次讲。因为关于领导核心的提法，其实已有很长一段时间了。在我们党的历史上，早有"三代领导核心"的提法。比如说，我们党有第一代中央领导集体，是以毛泽东同志为核心的，这是从 1935 年遵义会议开始到 1945 年党的七大形成的。第二代中央领导集体是以邓小平同志为核心的，大致从 1975 年"文化大革命"中搞整顿——整顿就是最初的改革，然后到 1978 年真正实行改革开放，到 1982 年我们党召开十二大形成。第三代中央领导集体是以江泽民同志为核心的，从 1989 年到 1992 年党的十四大召开基本形成。所以，在我们党的历史上，领导核心不是什么新词。这说明，这次会议提出以习近平同志为核心的党中央，首先有一个继承性。当然更有新发展，因为现在是以习近平同志为核心的党中央，而不是回到过去的三代领导核心，这确实为新。所以，确立习近平同志为核心的党中央既有继承的一面，又有发展的一面。

六中全会对确立以习近平同志为核心的党中央，给予高度评价。我们来看一下这个评价：党的十八大以来，习近平总书记带领全党全军全国各族人民开创了中国特色社会主义伟大事业和党的建设新的伟大工程新局面，在改革发展稳定、内政外交国防、治党治国治军等各方面取得了一系列具有重要现实意义和深远历史意义的成就，实现了党和国家事业的继往开来，赢得了全党全军全国各族人民的衷心拥护，受到了国际社会的高度赞誉。习近平总书记在新的伟大斗争实践中已经成为党中央的核心，全党的核心①。这一段话表明，习近平总书记作为党中央的核心、全党的核心，是众望所归。这是六中全会作出的一个重大决定。

怎么认识核心的重要性和重大作用呢？我想讲三点理由。第一，现在讲核心，能够很好地反映和凝聚全党全军全国各族人民的共同心愿，是党和国家根本利益所在，是坚持和加强党的领导的根本保证。第二，现在讲核心，有利于维护党中央权威、维护党的团结和集中统一领导。第三，现在讲核心，更是当前推进具有许多新的历史特点的伟大斗争、坚持和发展中国特色社会主义伟大事业的迫切需要，对抓住机遇、战胜挑战，不忘初心、继续前进，对保证党和国家兴旺发达、长治久安，都有十分重大的作用和深远的影响。

以上是我要讲的第一个大问题。接下来是第二个大问题，讲一讲六中全会为全面从严治党树立了新理念的问题。

二　六中全会为全面从严治党
树立了新理念

六中全会制定了《若干准则》和《监督条例》，在《若干准则》和《监督条例》中提出了全面从严治党的很多新理念。这里，我先解释一

———————
① 《坚定不移推进全面从严治党》（社论），《人民日报》2016 年 10 月 28 日，第 2 版。

下什么是新理念。

1. 什么是新理念以及新理念的作用和意义

理念就是观念、观点之意，是人们思维活动形成的认识。随着实践的变化发展，已有的理念会陈旧起来，变成旧理念了，如果还一直固守着，那就会束缚人们的手脚。同时，随着实践的变化发展，也一定会产生新理念。新理念就是新观念、新观点、新论断等，它是根据实践发展得出的新认识。新理念的出现，往往起着破除迷信、解放思想、振聋发聩的功能，推动、带动人们向前迈进。我们常说，一个人思想的高度，决定着他的事业的高度。由此可见，新理念的重要性。

那么，作为全面从严治党的新理念，涉及党的"思想建设、政治建设、作风建设、反腐倡廉建设、制度建设""五位一体"方方面面。这"五位一体"建设方方面面的新理念，就对全面从严治党起着引领性、先导性的作用。它成为全面从严治党的统帅，在全面从严治党的过程中都要加以运用，时刻应得到遵循。

那么，六中全会为全面从严治党树立了哪些新理念呢？挑最重要的讲，主要有如下 15 个新理念。

2. 全面从严治党的 15 个新理念

（1）全面从严治党的起点是党内政治生活

全面从严治党任务繁重，千头万绪，那么究竟从何抓起呢？六中全会确认，"党要管党必须从党内政治生活管起，从严治党必须从党内政治生活严起"①。"管起"和"严起"这两个"起"是啥意思？就是

————————

① 《坚定不移推进全面从严治党》（社论），《人民日报》2016 年 10 月 28 日，第 2 版。

确定了全面从严治党的起点，这就是我们的党内政治生活。换句话说，要抓全面从严治党，首先就要抓党内政治生活，由此可见，党内政治生活在全面从严治党中的重要地位。全面从严治党，必须以加强和规范党内政治生活作为起点和支点。

（2）全面从严治党要达到生动活泼政治局面的目标

六中全会指出，着力增强党内政治生活的政治性、时代性、原则性、战斗性，着力增强党自我净化、自我完善、自我革新、自我提高能力，着力提高党的领导水平和执政水平、增强拒腐防变和抵御风险能力，着力维护党中央权威、保证党的团结统一、保持党的先进性和纯洁性。这里提出的"四个着力"，正是达到党内政治生活目标要求的有力措施。我们党内政治生活的目标是什么，六中全会直接引用了毛泽东在1962年七千人大会上讲话中很精彩的一段：努力在全党形成又有集中又有民主、又有纪律又有自由、又有统一意志又有个人心情舒畅生动活泼的政治局面①。六中全会引用毛泽东这句话来表达党内政治生活的目标，我认为非常重要。我们开展党内政治生活，不是要搞成人人谨小慎微，不敢说话，以至于鸦雀无声，死气沉沉。恰恰相反，需要朝气蓬勃、昂扬向上，这才是我们的目标。如果搞成大家声也不敢吭，气也不敢出，那绝对不是我们需要的目标，这一点一定要明确。

（3）全面从严治党要严格管理干部

习近平指出：从严治党，重在从严管理干部。正确的政治路线要

———

① 《中共十八届六中全会在京举行》，《人民日报》2016年10月28日，第1版。

靠正确的组织路线来保证[①]。严管干部，六中全会强调，重点是各级领导机关和领导干部，关键是高级干部特别是中央委员会、中央政治局、中央政治局常务委员会的组成人员。高级干部特别是中央领导层组成人员必须以身作则，模范遵守党章党规，严守党的政治纪律和政治规矩，坚持不忘初心、继续前进，坚持率先垂范、以上率下，为全党全社会作出示范。"高级干部"是六中全会的一个高频词，在全会的公报中先后出现 10 次之多。高级干部是指副省部级以上的干部，而作为高级干部中的主要成员，是指中央委员会、中央政治局、中央政治局常务委员会的组成人员。中央委员会、中央政治局、中央政治局常委会这三个层级，首先是中央委员会，因为若不进入中央委员会，就谈不上进入中央政治局，更谈不上进入中央政治局常委会，所以，中央委员会的成员就包含了中央政治局、中央政治局常委会的成员。中央委员会由中央委员和候补中央委员构成，本次全会参会的中央委员为 197 人，候补中央委员为 151 人，加起来就是 350 人左右，这的确是最关键的一部分人。严管干部，重点对象就是高级干部，尤其是这 350 人左右的中央领导层成员。

（4）全面从严治党要坚定理想信念

六中全会指出，必须高度重视思想政治建设，把坚定理想信念作为开展党内政治生活的首要任务。全党同志必须把对马克思主义的信仰、对社会主义和共产主义的信念作为毕生追求，在改造客观世界的同时不断改造主观世界，解决好世界观、人生观、价值观这个"总开关"问题，不断增强政治定力，自觉成为共产主义远大理想和中国特

---

① 《在党的群众路线教育实践活动总结大会上的讲话》，《人民日报》2014 年 10 月 9 日，第 2、3 版。

色社会主义共同理想的坚定信仰者和忠实实践者；必须坚定对中国特色社会主义的道路自信、理论自信、制度自信、文化自信。领导干部特别是高级干部要以实际行动让党员和群众感受到理想信念的强大力量。①

这段表述坚定理想信念的话里，提到了"两个必须""三个对""四个自信"。第一个"必须"，包含"两个对"，就是对马克思主义的信仰，对社会主义和共产主义的信念，要把它作为我们毕生的追求。第二个"必须"包含第三个"对"，即对中国特色社会主义要充满"四个自信"，即"道路自信、理论自信、制度自信、文化自信"。我认为，这是第一次用"两个必须""三个对"和"四个自信"完整地界定了什么是坚定的理想信念的内涵问题。

坚定理想信念非常重要。那么，怎样才能坚定理想信念呢？首先要加强学习。所以，六中全会提出必须学习经济、政治、文化、社会、生态文明以及哲学、历史、法律、科技、国防、国际等各方面的知识。数了一下，这里至少提出 11 个方面的知识要大家认真去学习。学习了这 11 个方面的知识，关键还要提高"五大思维"能力，就是"战略思维、创新思维、辩证思维、法治思维、底线思维"，不断提高领导能力专业化水平。只有这样，才能够做到理想信念坚定。

（5）全面从严治党要坚持党的基本路线

六中全会提出，党在社会主义初级阶段的基本路线是党和国家的生命线、人民的幸福线，也是党内政治生活正常开展的根本保证。必须全面贯彻执行党的基本路线，把以经济建设为中心同坚持四项基本

① 《坚定理想信念是开展党内政治生活的首要任务（学习贯彻党的十八届六中全会精神）》，《人民日报》2016 年 11 月 9 日，第 6 版。

原则、坚持改革开放这两个基本点统一于中国特色社会主义伟大实践，任何时候都不能有丝毫偏离和动摇①。

六中全会对基本路线给予了高度评价，把它称为党和国家的"生命线"、人民的"幸福线"。这是顶级的比喻。为什么？生命最为可贵，任何东西的价值不可能超过生命；幸福也是这样，我们人类追求的是什么？当然追求的就是幸福。马克思说："为了人类的幸福而工作。"因此，把基本路线比喻成"生命线""幸福线"，就是最高的比喻，也意味着基本路线最重要。

基本路线如此重要，六中全会就提出党员干部要做到"两个必须"：第一个必须，是要坚决捍卫党的基本路线；第二个必须，是要旗帜鲜明地反对和抵制违背基本路线的那些言行。哪些言行需要反对和抵制呢？六中全会提出要反对和抵制"五种言行"，第一是"否定党的领导、否定社会主义制度、否定改革开放的言行"，第二是"歪曲、丑化、否定中国特色社会主义的言行"，第三是"歪曲、丑化、否定党史、国史和军史的言行"，第四是"歪曲、丑化、否定党的领袖和英雄模范的言行"，第五是"一切违背、歪曲、否定党的基本路线的言行"。对这五种言行，都要予以坚决的反对和抵制。

基本路线这么重要，现在考察识别干部首先就要考察他对党的基本路线的态度。如果一个干部在基本路线面前态度暧昧、立场动摇，容易被他人的错误言行所左右，那对不起，这样的干部就不能用了。已经用了的，就是已经在领导岗位上的，还要坚决调整，情节严重的，还要严肃处理。

---

① 《关于新形势下党内政治生活的若干准则》，《人民日报》2016年11月3日，第5版。

（6）全面从严治党要坚决维护党中央权威

六中全会提出，坚决维护党中央权威、保证全党令行禁止，是党和国家前途命运所系，是全国各族人民根本利益所在，也是加强和规范党内政治生活的重要目的。坚持党中央的集中统一领导，一个国家、一个政党，领导核心至关重要。六中全会已经确立了以习近平同志为核心的党中央，那么维护这样的核心就是至关重要的。怎样维护党中央的权威？全党必须牢固树立"四个意识"，即"政治意识、大局意识、核心意识、看齐意识"，自觉在思想上政治上行动上同党中央保持高度一致。对于"看齐意识"，要求党的各级组织、全体党员特别是高级干部必须做到"三个看齐"，即"向党中央看齐，向党的理论和路线方针政策看齐，向党中央决策部署看齐"；做到"三个坚决"，即"党中央提倡的坚决响应、党中央决定的坚决照办、党中央禁止的坚决杜绝"。

维护中央的权威，还必须反对"四个主义"，这"四个主义"就是六中全会提出的"个人主义、分散主义、自由主义、本位主义"，这"四个主义"哪怕只要有了其中一个，就不可能有中央权威可言。还要讲"三个不准"，就是"对党中央决策部署，任何党组织和任何党员都不准合意的执行、不合意的不执行，不准先斩后奏，更不准口是心非、阳奉阴违"。当然，属于部门和地方职权范围内的工作部署要以贯彻党中央决策部署为前提，发挥积极性、主动性、创造性，但不能打着这样的旗帜违背中央的决定另搞一套。因此，要求"三个不允许"，绝不允许自行其是、各自为政，绝不允许有令不行、有禁不止，绝不允许搞上有政策、下有对策。

（7）全面从严治党要严明党的纪律

六中全会提出，纪律严明是全党统一意志、统一行动、步调一致前进的重要保障，是党内政治生活的重要内容。必须严明党的纪律，把纪律挺在前面，用铁的纪律从严治党。大家现在感觉到了，十八大以来我们党特别强调纪律的问题。为什么？因为有了纪律，才能够达到三个"一"，即"统一意志、统一行动、步调一致"。这三个"一"对我们党是非常重要的，中国共产党之所以能够不断前进，不断取得胜利，跟党的严明纪律分不开。如果没有党的严明纪律，我们的党将是一盘散沙，纪律是党克敌制胜的法宝。

纪律这么重要，现在六中全会就提出两个"没有"，叫作"遵守纪律没有特权，执行纪律没有例外"。同时还提出，党内绝不允许存在不受纪律约束的特殊组织和特殊党员，这"两个特殊"，一个是特殊组织，一个是特殊党员，"特殊组织"是一个全新提法，过去从来没有这样说过。

党的纪律非常重要，这次六中全会一口气讲了十个"不准"。党员不准散布违背党的理论和路线方针政策的言论，不准公开发表违背党中央决定的言论，不准泄露党和国家秘密，不准参与非法组织和非法活动，不准制造、传播政治谣言及丑化党和国家形象的言论。党员不准搞封建迷信，不准信仰宗教，不准参与邪教，不准纵容和支持宗教极端势力、民族分裂势力、暴力恐怖势力及其活动。党员、干部特别是高级干部不准在党内搞小山头、小圈子、小团伙，严禁在党内拉私人关系、培植个人势力、结成利益集团。对那些投机取巧、拉帮结派、搞团团伙伙的人，要严格防范，依纪依规处理，坚决防止野心家、阴谋家窃取党和国家权力。特别是最后一个不准，不准在党内搞小山头、小圈子、小团伙，严禁在党内拉私人关系、培植个人势力、结成利益集团。什么是"特殊组织"呢？在党内搞小山头、小圈子、小团伙，培植个人势力的，就是搞"特殊组织"。

这里，我想就"特殊组织"问题再作一些强调。前几年在我们党内，"特殊组织"实际上已经发生了。去年，《求是》署名文章（2015年第16期）指出，"周永康、薄熙来、郭伯雄、徐才厚、令计划等腐败分子政治野心膨胀，权欲熏心，大搞非组织政治活动，破坏了党的团结统一"。这样的非组织政治活动，搞的就是像"石油系""秘书帮""西山会"这样的特殊组织，如"西山会"，有人倒过来读，叫它"山西会"也未尝不可，因为"西山会"就是令计划组织搞的，由一些山西人（山西籍），或者长期在山西工作的人组成，他们定期在北京的西山聚会，这不就是"特殊组织"吗？因此，习近平说了，有些人在其主政的地方搞"独立王国"，搞小山头，拉小圈子，对党中央决策部署阳奉阴违，为实现个人政治野心而不择手段 [①]。这就在我们党内形成了一个特殊组织，严重违反了党的纪律。

为了遵守党的纪律，反对不正当活动，六中全会提出，对党要忠诚老实，要提倡"三老"，"说老实话、办老实事、做老实人"。忠诚老实，要求必须做到百分之百，做到99.9%都不行，如果"忠诚不绝对"，那就"绝对不忠诚"。也要做到"三反对"，反对搞两面派、做"两面人"，反对弄虚作假、虚报浮夸，反对隐瞒实情、报喜不报忧。紧接着还有"两个不准"，第一是对领导干部要求的，不准以任何理由和名义纵容、唆使、暗示或强迫下级说假话。第二是对普通党员干部要求的，党内不准搞拉拉扯扯、吹吹拍拍、阿谀奉承。还有"三个禁止"，禁止对领导人吹捧，也禁止给领导人祝寿、送礼发致敬函电。这

---

① 《在第十八届中央纪律检查委员会第六次全体会议上的讲话》，《人民日报》2016年5月3日，第2版。

个致敬函电，大家注意了，现在微博、微信也属于这个范围。因为你知道了领导生日，现在发微信很方便，发一个微信，祝领导寿比南山、福如东海，再附上表情包，也属于这个"致敬函电"的范围。第三要禁止在领导干部国内考察工作的时候，举行迎送、张贴标语、敲锣打鼓、铺红地毯、举行宴会，这些都不行。

（8）全面从严治党要保持党同人民群众的血肉联系

六中全会提出，我们党来自人民，失去人民拥护和支持，党就会失去根基。必须把坚持全心全意为人民服务的根本宗旨、保持党同人民群众的血肉联系作为加强和规范党内政治生活的根本要求。全党必须贯彻党的群众路线，为群众办实事、解难题，当好人民公仆。保持党和人民群众的血肉联系，这是我们的根本要求，是共产党区别于其他政党的显著标志。[①] 大家知道，我们的党就是人民的政党、群众的政党，所以，我们党要求必须和人民群众紧紧地联系在一起，党要求和人民群众形成的关系，我们用了两个词，一个是"血肉联系"，再一个叫"鱼水关系"，都是相同的意思。

我们党要保持同人民群众的血肉联系，或者鱼水关系，现在六中全会要求必须做到"三问"："问政于民，问需于民，问计于民"。还有三个"不允许"：不允许在群众面前自以为是，盛气凌人；不允许当官做老爷，漠视群众疾苦；不允许欺压群众，损害和侵犯群众的利益。

我们知道，要保持党和人民群众的血肉联系和鱼水关系，必须走群众路线，也只有通过群众路线才能保持这样的联系和关系，这是非常关键的。但是，这很不容易，讲起来是很容易的，真正做到却不容

[①]《关于新形势下党内政治生活的若干准则》，《人民日报》2016年11月3日，第5版。

易。那么，要真正保持和人民群众的血肉联系，六中全会要求，坚持领导干部调查研究、定期接待群众来访、同干部群众谈心、群众满意度测评等制度。各级领导干部必须深入实际、深入基层、深入群众，多到条件艰苦、情况复杂、矛盾突出的地方解决问题，千方百计为群众排忧解难。领导干部下基层要接地气，轻车简从，了解实情，督查落实，解决问题，坚决反对作秀、哗众取宠。在应对重大安全事件、重大突发事件、重大自然灾害事件等事件中，领导干部必须深入一线、靠前指挥，及时协调解决突出问题，及时回应社会关切。这里提出了"四个深入"，即"深入实际、深入基层、深入群众、深入一线"。同时，六中全会还提出，要处理"两个工程"，即要对一切搞劳民伤财的"形象工程"和"政绩工程"行为严肃问责追责，依纪依法处理。

（9）全面从严治党要坚持民主集中制

六中全会提出，民主集中制是党的根本组织原则，是党内政治生活正常开展的重要制度保障。六中全会创新性地阐述了民主集中制的"五个必须"。第一个必须，就是坚持集体领导制度，实行集体领导和个人分工负责相结合，是民主集中制的重要组成部分，必须始终坚持任何组织和个人在任何情况下都不允许以任何理由违反这项制度。现在，有人嫌民主集中制麻烦，又是要民主又是要集中，不想执行这个制度。这是不对的，必须始终坚持。第二个必须，就是各级党委（党组）必须坚持集体领导制度。我们各级党委党组都要坚持集体领导制度，可是有人就不喜欢集体领导，喜欢搞个人专断。第三个必须，领导班子成员必须增强全局观念和责任意识。责任问题，是我们民主集中制经常被诟病的问题，就是不讲责任，借口集体领导推脱责任，谁都不想负责，因此，实行民主集中制一定要有责任意识。第四个必须，党委（党组）主要负责同志必须发扬民主、善于集中、敢于担责。这三句话讲得很好，我们党委党组主要领导同志既要发扬民主，还要善于集中，更要敢于担责。最后一个必须，领导班子成员必须坚决执行党组织决定。我们所有的领导班子成员要坚决执行党组织的决定，民主集中制从根本上说要讲"四个服从"，党员个人服从党的组织，少数服从多数，下级组织服从上级组织，全党各组织和全体党员服从党的全国代表大会和中央委员会，不能以民主集中制作为借口，上面的决定我不服从，那不行。

要贯彻执行民主集中制，还要做到"四个坚决反对"。第一个是"坚决反对独断专行或各自为政"，有人不喜欢集体领导，自己说了算。第二个是"坚决反对议而不决，决而不行，行而不实"。这三句话概括了我们平常民主集中制没有搞好的常见毛病，会上都反复讨论了，都过了半夜十二点了，就是拿不出最终的决定，都拖着不表态；作出决定了也不认真执行；或者有的去执行了，但没有很好落实。第三个是"坚决反对和防止以党委集体决策名义集体违规"，就是打着集体的旗号做坏事。第四个是"坚决反对和纠正当面不说、背后乱说，会上不说、会后乱说，当面一套、背后一套等错误言行"。就是有的人喜欢搞小动作，不在桌面上解决问题，而喜欢在桌子下私下里解决问题，这要克服。坚持讲原则、讲规矩，共同维护坚持党性原则基础上的团结。

（10）全面从严治党要发展党内民主和保障党员权利

六中全会提出，党内民主是党的生命。党内决策、执行、监督等工作必须执行党章党规确定的民主原则和程序，任何党组织和个人都不得压制党内民主、破坏党内民主。中央委员会、中央政治局、中央政治局常务委员会和党的各级委员会作出重大决策部署，必须深入开展调查研究，广泛听取各方面意见和建议。必须尊重党员主体地位、保障党员民主权利，落实党员知情权、参与权、选举权、监督权。我们要发展党内民主和保障党员权利，这是搞好党内政治生活和全面从严治党的重要基础。开展党内政治生活不是让大家感到非常拘谨，给大家戴上"紧箍咒"，人人自危，而是要营造生动活泼、充满朝气的党内政治局面。大家想一想，这样一个局面如果离开了党内民主，离开了党员的民主权利，那是不可能做到的。因此，六中全会强调，党内的决策、执行、监督都必须按照民主的原则和程序走，绝不允许任何党组织和个人去压制党内民主和破坏党内民主，特别是尊重党员主体地位，保障党员民主权利，落实党员的知情权、参与权、选择权、监督权。我们的党，构成主体是党员，而不是党的干部，党的干部恰恰是作为监督的对象，或者重点盯住的对象，只有党员才是党的主体。当然干部的位置很重要，但是主体只能是党员。

这么多年来，在一些地方，党内民主也不是开展得很好、很顺利，而是遇到了很大的阻力。所以，现在我们要开展党内政治生活。首先，必须在发展党内民主上下功夫，一定要解决党内民主受到压制、破坏的问题。在这个方面，过去曾经有一些令人痛心的事情发生。一个党员行使民主权利要受到责难，这太不正常了，我们一定要防止或者说消除这样的不良现象，党内民主和党员权利才能得到保障。

（11）全面从严治党要坚持正确选人用人

六中全会提出，坚持正确选人用人导向，是严肃党内政治生活的组织保证。选拔任用干部必须坚持德才兼备、以德为先，坚持五湖四海、任人唯贤，坚持信念坚定、为民服务、勤政务实、敢于担当、清正廉洁的好干部这五条标准。党的各级组织必须自觉防范和纠正用人上的不正之风和种种偏向。

坚持正确的选人用人导向，首先是要做到"三个坚决禁止"。第一，坚决禁止跑官要官、买官卖官、拉票贿选的行为。第二，坚决禁止向党伸手要职务、要名誉、要待遇的行为。第三，坚决禁止向党组织讨价还价，不服从组织决定的行为。当然，我们也要"两个不准"，不准把党的干部当作自己的私有财产，党内也不准搞人身依附关系。前几年，有的领导干部就把自己的秘书、身边的人当成自己的奴仆、家臣，这是不对的。领导干部不能对党员颐指气使，党员也不要对领导阿谀奉承。不论干部还是党员，在党内的关系都只能是同志关系。

在选人用人问题上，六中全会还提出，坚决纠正唯票、唯分、唯生产总值、唯年龄等取人偏向，坚决克服由少数人在少数人中选人的倾向。领导干部要带头执行党的干部政策，不准任人唯亲、搞亲亲疏疏；不准封官许愿、跑风漏气、收买人心；不准个人为干部提拔任用打招呼、递条子。

我们要用什么样的干部呢？六中全会提出，要用敢于"三个面对"的干部，"面对矛盾敢于迎难而上，面对危险敢于挺身而出，面对失误敢于承担责任"，这才是好干部。同时我们也要提倡"两为"，"要为敢于担当的干部担当，为敢于负责的干部负责"。现在，我们有些敢于创新、工作有点子的干部很苦恼，改革中工作中出了一些问题，谁都不出面说句公道话，一棍子被打死了，使人寒心。这就出现了大家都不干事，庸政懒政怠政。当然，我们要对那些不担当、不作为、拖延塞责的干部严肃批评，对失职渎职的要严肃问责。这样，干部队伍的风气才会好起来。

（12）全面从严治党要加强对权力的制约监督

六中全会提出，监督是权力正确运行的根本保证，是加强和规范党内政治生活的重要举措。必须加强对领导干部的监督，党内不允许有不受制约的权力，也不允许有不受监督的特殊党员。要完善权力运行制约和监督机制，形成有权必有责、用权必担责、滥权必追责的制度安排。

中国共产党和世界上其他的政党不一样，最大的一个区别在哪里？就是我们党是长期执政的政党，我们党掌握着国家的权力。西方的政党就是搞选举，选举完了基本上没有什么事了，谈不上有什么权力。有权力当然是一件好事，能够带领人民完成伟大的事业。但是也有弊端，就是如果没有受到很好的制约和监督，那一定会出现腐败的大问题。因此我们在权力的制约和监督上，现在提出了"两个不允许"：不允许有不受制约的权力，不允许有不受监督的特殊党员。这句话反过来说，就是凡权力必须制约，凡党员必受监督，没有任何权力和个人在监督之外。我们也要做到三个"必"，"有权必有责，用权必担责，滥权必追责"，这是非常有新意的提法。

讲到如何进行权力制约和监督，这也是多年来我们一直在摸索和探索的。现在，六中全会提出，实行权力清单制度，公开权力运行过程和结果，健全不当用权问责机制，把权力关进制度笼子，让权力在阳光下运行。这是一个高招，就是让现在地方各级政府都要制定两份清单，叫作权力清单和责任清单。按照中央的要求，所有省级政府要在去年的 12 月 31 号前完成这两份清单，省级政府已经都完成了，所有的地市级政府和县市级政府要在今年底完成。我这里举个例子，北京市的西城区，它是地级单位，已经完成了这两份清单的制定。

西城区党委现在规定，它的权力是 116 项，区政府的权力是 156 项，还落实到个人，区委书记 15 项，区长 19 项，这就是权力清单制度。再一个就是责任清单制度。什么叫责任清单？就是把权力的运行流程都告诉公众，西城区张榜公布了 2128 张"行政权力运行流程图"，说明了行使权力的条件、承办岗位、办理时限、相关责任、监督制约环节、投诉举报途径和方式等，这就把权力流程的每个环节、谁负责什么、要怎么做都讲清楚了，这就是责任清单。大家想想，有了这两份清单，我们的权力就透明了，就在阳光下运行了，而不是暗箱操作，就很容易受到监督了，这确实是一个好招数。

说到监督和制约，这都是党章规定的我们党员应有的权利。但对于这样一个权利，我们也要防止滥用，也要讲"六不准"，即不准散布小道消息，不准散发匿名信，不准诬告陷害，有关的组织个人也不准打击报复，不准擅自进行追查，不准采取调离工作岗位、降格使用等惩罚措施，这样才能保证制约和监督正常开展。

（13）全面从严治党要保持清正廉洁的政治本色

六中全会提出，建设廉洁政治，坚决反对腐败，是加强和规范党内政治生活的重要任务。怎样深入反腐败斗争？六中全会强调，要建立"两个防线"，即必须筑牢拒腐防变的"思想防线和制度防线"，还有加强建立"三不"体制机制，即"着力构建不敢腐、不能腐、不想腐的体制机制"。领导干部特别是高级干部必须带头践行社会主义核心价值观，要做到"四讲"，即"讲修养、讲道德、讲诚信、讲廉耻"。各级领导干部是人民公仆，没有搞特殊化的权利，要带头执行廉洁自律准则，自觉同特权思想和特权现象作斗争，注重家庭、家教、家风，教育管理好亲属和身边工作人员。禁止利用职权或影响力为家属亲友谋求特殊照顾，禁止领导干部家属亲友插手领导干部职权范围内的工作、插手人事安排。

深入反腐败斗争，六中全会还要求，"全体党员、干部特别是高级干部必须拒腐蚀、永不沾，坚决同消极腐败现象作斗争，坚决抵制潜规则，自觉净化社交圈、生活圈、朋友圈"。自觉"净化三圈"的提法十分重要，必须从政治伦理方面严格要求党员干部，绝不能把商品交换那一套搬到党内政治生活和工作中来。同时，党的各级组织要担负起反腐倡廉政治责任，坚持有腐必反、有贪必肃，坚持"老虎""苍蝇"一起打，坚持反腐败斗争无禁区、全覆盖、零容忍，党内绝不允许腐败分子有藏身之地。

（14）全面从严治党要加强党内监督

党内监督是构成全面从严治党的重要举措。六中全会指出，党内监督是全面从严治党的迫切需要，是推进党和国家治理体系和治理能力现代化的必然要求，也是巩固党的执政基础、实现党的历史使命的重要保障。党内监督构成全面从严治党的重要部分，要搞全面从严治党就一定需要党内监督；没有了党内监督，也就没有全面从严治党。

搞好党内监督，必须明确党内监督的指导思想。六中全会指出，党内监督要以马克思列宁主义、毛泽东思想、邓小平理论、"三个代表"重要思想、科学发展观为指导，深入贯彻习近平总书记系列重要讲话精神，围绕统筹推进"五位一体"总体布局和协调推进"四个全面"战略布局。这里有新的提法了，已经肯定习近平系列重要讲话和"五位一体""四个全面"两个布局也具有指导作用，意义重大。

搞好党内监督，必须明确党内监督的目的。党内监督的目的是什么呢？就是尊崇党章，依规治党，增强党在长期执政条件下自我净化、自我完善、自我革新、自我提高的能力。确保党始终成为中国特色社会主义事业的坚强领导核心。

搞好党内监督，必须明确党内监督的基本原则。这个基本原则首先是"两个没有"：党内监督没有禁区，没有例外。我们所有的干部要"四个做到"：第一，做到有权必有责；第二，做到有责必担当；第三，做到用权受监督；第四，做到失责必追究。我们也要形成"三种监督"，强化自上而下的组织监督，改进自下而上的民主监督，发挥同级相互监督作用。

搞好党内监督，必须明确党内监督的任务和内容。党内监督的任务，首先是重点解决"三大问题"：第一是党的领导弱化、党的建设缺失、全面从严治党不力的问题，第二是党的观念淡薄、组织涣散、纪律松弛的问题，第三是管党治党太宽太松太软的问题。其次，我们要实现"三个保证"，就是党组织要保证发挥核心作用，全体党员要保证发挥先锋模范作用，党的干部要保证忠诚干净担当。党内监督的主要内容有 8 个方面：遵守党章党规和国家宪法法律，维护党中央集中统一领导，坚持民主集中制，落实全面从严治党责任，落实中央八项规定精神，坚持党的干部标准，廉洁自律、秉公用权，完成党中央和上级党组织部署的任务等。

为搞好党内监督，六中全会建立了严密的党内监督体系和责任。这样的党内监督有六大体系，第一是中央这个体系，第二是各级党委党组织体系，第三是纪律检查部门体系，第四是我们党的工作部门体系，第五是党的基层组织这个体系，第六是党员个人体系。这六大体系，现在相应地形成了六大责任：第一，中央全面领导的责任；第二，各级党委、党组承担主体责任；第三，纪委和纪检组要承担专责责任；

第四，党的工作部门要承担职能责任；第五，基层党组织承担日常监督责任；第六，党员也要承担个人的责任。

为搞好党内监督，六中全会还特别强调了党的中央委员会、中央政治局、中央政治局常务委员会要全面领导党内监督工作。中央委员会全体会议每年听取中央政治局工作报告，监督中央政治局工作，部署加强党内监督的重大任务。在纪律检查方面，要强化上级纪委对下级纪委的领导，纪委发现同级党委主要领导干部的问题，可以直接向上级纪委报告；下级纪委至少每半年向上级纪委报告 1 次工作，每年向上级纪委进行述职。这些都是加强监督力度的空前举措。

（15）全面从严治党要加强人民监督

要全面从严治党，搞好党内监督很重要，但也不能光讲党内监督，还要加上人民监督。人民监督，换句话说也是外部的监督。现在我们一共有五大外部监督，第一是人大、政府，还有监察机关、司法机关等国家机关对我们党的监督；第二是政协的监督；第三是审计部门的监督；第四是民主党派的监督；第五是社会的监督。社会监督，也可以说就是人民监督，人民监督和社会监督是相同的。

这里想强调一下人民监督的问题。按理说，全面从严治党讲党内监督，那就专门讲党内监督，为什么还要加上人民群众监督呢？这就是我们党的特点，我们共产党是人民群众的党，在实行党内监督时也离不开人民监督，所以，我们党讲了党内监督，还要讲人民群众监督。

人民监督为什么这么重要？我们从习近平的讲话中可以了解到。他说，得民心者得天下，失民心者失天下 ①。我们党本来就是人民党、

---

① 《深入扎实开展党的群众路线教育实践活动　为实现党的十八大目标任务提供坚强保证》，《人民日报》2013 年 6 月 19 日，第 1 版。

群众党，离开了人民，就是无源之水、无本之木。这个道理其实老早就提出来了，因为毛泽东当年在延安的时候就讲得很清楚了。在延安的时候，有一个著名的"窑洞对话"，就是民主人士黄炎培到延安参观，他跟毛泽东讲起中国历史上朝代更迭很快，"其兴也渤焉，其亡也忽焉"。他问，你们共产党怎么办？毛泽东说，我们可以跳出这个历史周期律，为什么？我们要让人民来监督政府。大家注意一下，人民监督政府，因为共产党是执政党，所以人民监督政府就包含了监督其中执政的共产党。

现在，习近平比任何时候都更强调，我们全面从严治党需要依靠人民群众。习近平还讲得很科学，怎么才算是依靠人民群众呢？必须畅通两个渠道，一个是建言献策的渠道，一个是批评监督的渠道。这两个渠道都不畅通的话，凭什么说我们党的组织和干部依靠了人民群众？

两个渠道很重要，那么怎样才能畅通这两个渠道呢？习近平要求各级干部要多向群众请教。干部要走到群众当中，主要听人家的建言献策，听人家的批评监督。这就带来一个问题，必须到群众当中去，到群众中去，就必须搞好干群关系，如果干群关系搞得不好，就是到群众中去了，群众也不理睬你。这里也就有一个老生常谈的干群关系问题。干群关系好的我们不说了，就是血肉联系和鱼水关系，恰恰我们现在存在不好的干群关系问题。

我这里简单归纳了一下大概有三种。第一种是利用关系，好比水和船的关系。这是唐太宗讲的，他说"水能载舟，亦可覆舟"，这个水和船的关系不就是利用关系吗？封建皇帝能这样讲，那是他的认识，算是还不错了，但我们共产党人要超越他。共产党和群众的关系，不能是利用关系。利用关系的话很简单，过了河可以拆桥，腿好了可以扔掉拐杖，是不是？我们共产党不能这样。但现在很多地方，有些干部恰恰就把干群关系搞成利用关系。第二种是隔阂关系，即油水关系。油和水表面是一个整体，但是，油始终是浮在水上面。这样一种关系是脱离群众的关系，心已经不连在一起了，肯定不能很好地依靠人民群众了。第三种关系是最不好的，是冲突关系，即水火关系，处在紧张的对抗之中。可以说，在紧张对抗的那些地方，我们一些党员干部，就走到人民群众的对立面了，更谈不上能够受人民群众的监督与爱护了。我们要力避这三种不良的干群关系。

总起来说，以上就是六中全会树立的最重要的 15 个新理念，需要我们反复学习、认真领会。

三　六中全会对全面从严治党提出了新要求

现在讲第三个大问题，我们来领会、认识一下六中全会到底对全面从严治党提出了哪些新要求？或者用通俗的、流行的话来说，它究竟发出了什么新信号？我从三个方面作说明。

1. 全面从严治党永远在路上

六中全会提出的第一个新要求或者发出的新信号，我认为就是全面从严治党永远在路上。这是因为，近几年我们党出现了诸多问题，对此我们要充满忧患意识。六中全会指出，这些突出的问题就是：在一些党员、干部包括高级干部中，理想信念不坚定、对党不忠诚、纪律松弛、脱离群众、独断专行、弄虚作假、慵懒无为，个人主义、分散主义、自由主义、好人主义、宗派主义、山头主义、拜金主义不同程度存在，形式主义、官僚主义、享乐主义和奢靡之风问题突出，任人唯亲、跑官要官、买官卖官、拉票贿选现象屡禁不止，滥用权力、贪污受贿、腐化堕落、违法乱纪等现象滋生蔓延。党的十八大习近平在当选中共中央总书记后也多次提到，近年来，一些国家因长期积累的矛盾导致怨声载道、社会动荡、政权垮台，其中贪污腐败就是一个很重要的原因。大量事实告诉我们，腐败问题愈演愈烈，最终必然会亡党亡国！我们要警醒啊①！

全面从严治党，也是我们作出的义无反顾的一个正确选择。六中全会指出，党经受着"四大考验"——执政考验、改革开放考验、市场经济考验、外部环境考验；要克服"四大危险"——精神懈怠危险、能力不足危险、脱离群众危险、消极腐败危险。要应对摆在全党面前的风险和考验，就要不断提高党的领导水平和执政水平、提高拒腐防变和抵御风险能力，这是党巩固执政地位、实现执政使命必须解决好的重大课题。对此，只有依靠全面从严治党才能解决。如果我们不选择全面从严治党，不坚持永远在路上，那么我们党将走向何方？我们将会迷失方向。

全面从严治党永远在路上，就必须把全面从严治党当作远未结束的考试看待。习近平总书记指出："党面临的'赶考'远未结束"，"所有领导干部和全体党员要继续把人民对我们党的'考试'、把我们党正在经受和将要经受各种考验的'考试'考好，努力交出优异的答卷"②。关于"赶考"的问题，大家知道是毛泽东提出来的。1949年，

---

① 《开门反腐更能赢得民心》，《人民日报》2013年9月24日，第5版。
② 《党面临的"赶考"远未结束》，《人民日报》2013年7月14日，第1、4版。

当共产党取得了全国胜利，把首都定在当时的北平时，毛泽东就形象地把党中央从西柏坡搬到北平比喻为"进京赶考"。过去封建社会，莘莘学子为了追求功名利禄，通过多年的学习，要进京去考取功名，考中进士，甚至名列三甲——状元、榜眼、探花——交出一个满意的答卷，光宗耀祖，自己也有了地位，这叫进京赶考成功了。毛泽东则把它转意为：我们党夺取政权了，我们也是一个进京赶考者，要经受起新政权对我们的"考试"。毛泽东指出，300多年前李自成进京赶考了，但是他考得不好，一个多月后便失败了，退出京城了。毛泽东说，我们共产党人绝不当"李自成"①。从毛泽东提出"进京赶考"这个问题到现在，毕竟67年过去了，那么到底这个"进京赶考"结束了没有呢？现在习近平告诉我们，"进京赶考"还没有结束，还要继续考，这就是说全面从严治党要永远在路上。

2. 全面从严治党要有新发展

怎样才有新发展？首先，要走向党的建设的新高度。大家看到，六中全会抓住全面从严治党的重点、难点、核心问题、关键问题，作出近期和长远的工作安排，指出努力的方向。两部党规通过简明扼要、高度凝练的话语，把全面从严治党的方方面面都讲清楚了，所部署的工作具有系统性、层次性和统领性，确实体现了党的建设已经从"从严"的起点提升到"全面从严"的高度。接下来，我们就要从六中全会的高度出发，把六中全会提出的各项任务贯彻落实。

其次，全面从严治党，就是要切实做到"全""严""治"。"全""严""治"是习近平提出来的，习近平说：全面从严治党，核心

---

① 《新中国诞生大事记》，《人民日报》1999年9月26日，第1、4版。

是加强党的领导，基础在全面，关键在严，要害在治。"全面"就是管全党、治全党。"严"就是真管真严、敢管敢严、长管长严。"治"就是从党中央到省市县党委，从中央部委、国家机关部门党组（党委）到基层党支部，都要负起主体责任，党委书记要把抓好党建当作分内之事、必须担当的职责；各级纪委要担负起监督责任，敢于瞪眼黑脸，勇于执纪问责 ① 。

最后，全面从严治党还要履行责任制。这次六中全会告诉我们，加强和规范党内政治生活、加强党内监督是全党的共同任务，必须全党一起动手。各级党委（党组）要全面履行领导责任，着力解决突出问题，把加强和规范党内政治生活、加强党内监督各项任务落到实处。无论是党内政治生活，还是党内监督，一定要落到实处。怎么落到实处呢？习近平有个基本要求，就是要实行责任制。他说：要坚持从巩固党的执政地位的大局看问题，把抓好党建作为最大的政绩 ② 。如果我们党弱了、散了、垮了，其他政绩又有什么意义呢？全面从严治党，没有责任制就是一句空话，落实全面从严治党，最重要的也莫过于抓紧落实党建责任制。我们要把抓好党建作为最大的政绩，说实话，当我看到这句话时开始有点不理解，而且有点吃惊，党建是最大的政绩。我们过去讲的都是GDP才是最大的政绩，现在习近平一下子提出党建是最大的政绩，我确实反应不过来。但接下去看，就看懂了。为什么说是最大政绩呢？因为如果我们的党弱了、散了、垮了，政绩就根本没有意义了，说难听些，GDP政绩也是为他人作嫁衣了。

那么，既然要把党建作为最大的政绩，就要抓责任制。没有责任

---

① 《习近平从严治党十八警句》，《人民日报》2016年7月1日，第9版。

② 《把抓好党建作为最大的政绩》，《人民日报》2016年7月27日，第1、7版。

制，怎么能保证最大的政绩得到落实呢？因此责任制非常重要。我们今年刚刚实行的《中国共产党纪律处分条例》第 114 条明确规定了，党组织不履行全面从严治党主体责任或者履行全面从严治党主体责任不力，造成严重损害或者严重不良影响的，对直接责任者和领导责任者给予警告或者严重警告处分；情节严重的，给予撤销党内职务或者留党察看处分。我们也真的处分了这样一些干部，如中国海洋石油总公司南海东部管理局党委书记、局长刘某等人，因下属部门和单位违反财经纪律和中央八项规定精神受到责任追究。南海东部管理局所属生产部等多个部门和单位违反财经纪律套取现金、私设"小金库"，以会议费为名报销吃喝费用、违规在度假村和五星级酒店开会，相关直接违纪人员受到处理。因落实主体责任不力，刘某和该局党委委员、副局长杜某分别受到党内警告、党内严重警告处分；因落实监督责任不力，该局党委副书记、纪委书记高某受到党内严重警告处分。其实，刘某本人并没有问题，如果按照过去谁出问题处理谁，就不会处分刘某。但是今天，也给了刘某一个警告处分。为什么？按照《中国共产党纪律处分条例》的规定，你全面从严治党不力，责任没有尽到，所以要给你一个警告处分。

讲到这里，我想说明一下为什么我们这么强调责任？ 1991 年苏联垮台了，什么都没有了。它原来的部长会议主席雷日科夫说过一句很有哲理的话，他说：权力应当成为一种负担。当它是负担时就会稳如泰山，当权力变成一种乐趣时，那么一切也就完了①。这是苏联共产党员在丧失执政地位后对权力问题进行的痛苦反思，值得我们引以为

---

① 《让权力成为一种负担》，《人民日报》2011 年 11 月 11 日，第 4 版。

鉴。共产党手中有权力，关键在于我们是把它当作责任，还是一种乐趣？当作一种乐趣玩，有权力多爽，可以使唤人，"招之即来、挥之即去"，但这样玩权力，就会垮台。如果当成责任，我们知道责任重于泰山，一定就会兢兢业业、勤勤恳恳，如履薄冰、如临深渊，那就好办了，所以这是一个大问题。

3. 全面从严治党要有新定位

这个新定位，有四个要点。一是全面从严治党要定位于全覆盖、一体化。什么叫全覆盖？就是全面从严治党，没有遗漏的角落，没有任何缝隙，这叫全覆盖。什么叫一体化？包括我们刚才讲的全面从严治党的方方面面，不能说只做到其中的几个方面，或者说大部分。一体化，就是全面推进。因此，党的各级组织必须把全面从严治党列入党建工作议程，不存丝毫缝隙、不留任何死角。全面加强党的思想建设、组织建设、作风建设、反腐倡廉建设、制度建设"五位一体"的党建格局，不能只注意某一方面而忽视某一方面，只强调某一方面而舍弃某一方面，要整体推进。

二是全面从严治党要定位全过程、长周期。全面从严治党的每一项工作，都要重在细节、重在过程，必须防止前热后冷、前紧后松，出现兴头败尾、半途而废的现象。

全面从严治党这项党建重点工作，将是长期的、无止境的。只要中国特色社会主义事业没有结束，我们党的历史使命没有完结，全面从严治党就只有进行时，没有完成时。

三是全面从严治党要定位高标准、严要求。标准有高的和一般化的，我们讲的是高标准。好比大学生，考 60 分只是及格的标准，这是很一般的。我们现在要 90 分以上的优异标准，非常严格。全面从严治党，一定要抓住确立高标准的问题，因为标准决定质量，有什么样的标准就有什么样的质量，只有高标准才能保证高质量。

有了高标准之后，还需要严要求。要求，就是规范性的约束，务必达到、做到。而严要求的"严"，就是这样的约束和达到、做到，要一丝不苟、认认真真。

四是全面从严治党要定位于强落实、重成效。开展工作需要部署，但是不要花那么多时间，最重要的是落实。习近平指出："军令状已经下达，集合号已经吹响。一分部署，九分落实 ① 。"大家看，一分部署，九分落实，这是 1∶9 的关系。不能满足于做表面文章，整天忙于部署，关键是要用九分的力气，真抓实干，"抓铁有痕、踏石留印"。

全面从严治党还要在强调落实时务求实效。重成效，是在强落实之后必然要求得到的结果。全面从严治党是否取得了成效，归根到底也是检验全面从严治党是否可行、是否成功的标尺。常有这样的情况，工作做是做了，但是很一般化。做了，就是要出成效。没有成效，这样的工作做的还不到位。当然，工作首先是要做，但做了必须出成效，不出成效还不行，等于是无用功。

今天下午围绕六中全会的基本精神，我主要作了个人学习体会的汇报。最后，我作一个小结，围绕今天讲的三个"新"问题，讲三句话。

第一，全面从严治党的新贡献，标志着党的建设开始新"长征"。刚才说了今年是长征胜利 80 周年，但长征也没有结束。我们要开始新

----

① 《认真贯彻党的十八届三中全会精神　汇聚起全面深化改革的强大正能量》，《人民日报》2013 年 11 月 29 日，第 1 版。

的长征，就是要增强我们不懈努力奋斗的精神。

第二，全面从严治党的新理念，也就是我们的新使命。对于新使命，关键要增强我们的责任意识。

第三，全面从严治党新要求，也就是给我们提出新的目标任务，一定要加强落实，落实再落实。

我相信通过认真学习和贯彻六中全会精神，我们一定会取得全面从严治党的伟大成效。

市委 泉州市人民政府 主办

6 年 12 月 日

「华大讲堂」第 63 讲

主讲人：徐洪才

时间：2016 年 12 月 26 日下午 3:00

地点：陈嘉庚纪念堂科学厅

当前中国经济形势与政策

　　徐洪才 1964 年 6 月生于安徽，博士，中国国际经济交流中心副总经济师、研究员，CCTV 特约经济评论员，中国光大银行股份有限公司独立董事，中央财经大学兼职教授。

　　1993 年获中国人民大学哲学硕士学位。1996 年获中国社科院经济学博士学位。1996～2010 年，先后担任中国人民银行总行官员、广发证券股份有限公司（上海）总经理、北京科技风险投资股份有限公司副总裁、美国多米尼肯大学访问学者、首都经贸大学金融学教授、证券期货研究中心主任。2010 年 1 月开始在中国国际经济交流中心工作，先后担任信息部部长、经济研究部部长；2012 年 1～5 月，加拿大英属哥伦比亚大学（UBC）访问学者。

　　主要研究领域为世界经济、中国经济、全球治理。出版《大转型：探寻中国经济发展新路径》《变革的时代：中国与全球经济治理》《全球化背景下的中国经济》《大国金融方略：中国金融强国的战略和方向》《中国多层次资本市场体系研究》《投资基金与金融发展》等十余部专著，主编《工资、汇率与顺差：中国经济再平衡路径选择》《房地产企业项目融资》《投资基金运作全书》《投资银行学》《期货投资学》等十余部著作。发表文章和研究报告 300 余篇，发表核心以上期刊论文 40 余篇。

感谢主持人对我的介绍。来到华侨大学讲学是我的荣幸！看到大家，尤其是后排很多同学稚嫩的面孔，我感到很激动、很亲切，因为我在大学里当了7年老师，给同学们讲课是我的本分。

首先，简单介绍一下我的工作单位和我的工作：中国国际经济交流中心成立于2009年3月，当时正是国际金融危机蔓延最快的时候，国家领导人批准成立这样一个机构，由刚刚退下来的国务院副总理曾培炎担任理事长，目的是为国家重大经济决策和战略决策提供智力支持。

关于我的工作，我经常讲两句话，一句是"大人物考虑小问题"，另一句是"小人物考虑大问题"。什么意思呢？习近平主席是"大人物"，他考虑什么问题呢？最近他在考虑一件小事情——垃圾分类。我们中国人什么时候能把垃圾分类这个问题解决了，我觉得就向文明社会大大迈进了一步。我显然是"小人物"，每天挤地铁、乘公交上下班，我在考虑什么问题呢？我在考虑特朗普上台后会采取什么样的对华政策，我们又该如何应对；明年欧洲会不会出现新的"黑天鹅"事件？还有，明年召开十九大，中国经济怎样才能实现稳中求进、平稳增长？国内外的这些"大问题"，都是我要考虑的。过去七八年，让我引以为豪的是，我参与撰写的一些内参报告对国家重大决策产生了积极影响。值得一提的有三件事。

第一件事，大家知道今年我国对外直接投资（ODI）将首次超过吸收外商直接投资（FDI），背后的重要政策推手就是 5 年前我参与撰写的两份研究报告，建议把国家外汇储备这块蛋糕切出一部分委托给商业银行，由商业银行按照自身风险管理原则，再把外汇资金贷给企业，支持国内企业"走出去"。当时，人民币汇率是升值的，出口企业拿到美元之后，就卖给商业银行，商业银行再卖给中央银行，因此形成了较大规模的外汇储备。在人民币兑美元升值时，银行和企业一般不愿意持有外汇美元。此时，商业银行用人民币从央行购买美元，将来再换回人民币就吃亏了，汇率风险是很大的。所以，我们建议商业银行从央行借外汇，将来还央行外汇。通过做工作，国务院领导采纳此项建议，批准国家外汇管理局成立外汇储备委托贷款办公室，把美元借给商业银行，商业银行再把美元借给企业，支持国内企业到海外投资。因此，才有最近几年国内企业海外投资快速增长的良好局面。

第二件事，2008 年国务院决定将国家开发银行定位成商业银行。我们认为这个决策值得商榷。2013 年新一届政府领导人上任，我们及时递交两份报告，建议把国家开发银行重新归位为开发性金融机构，也就是当商业性金融失灵、政府也失灵的时候，还有一个重要抓手，就是开发性金融，以保障国家战略意图实现。这个建议得到采纳，后来国家开发银行成立住宅金融事业部，对棚户区改造提供信贷资金；与此同时，中国国家开发银行享有国家主权信用发债融资，支持国内基础设施投资，并从央行借出外汇，支持企业到境外投资。目前，全世界提供美元贷款规模最大的开发性金融机构是中国国家开发银行，第二位是欧洲投资银行，第三位是世界银行。

第三件事，2015 年 6 月 16 日，欧洲复兴开发银行（EBRD）首席经济学家来北京访问。我跟他说，过去 20 多年你们推动苏联东欧私有化，历史任务已经完成，最近几年业务发展有点停滞，现在机会就在眼前——"一带一路"。据我所知，我们提出的"一带一路"倡议和欧洲"容克投资计划"要对接。EBRD 业务发展面临新的机遇，就是在中国境内发行人民币计价债券，叫"熊猫债券"，熊猫债券的春天正在来临。接着我说，从 2005 年开始，在中国推出熊猫债券，后来近 10 年时间，业务发展一直缓慢，原因有两个。一是当时人民币兑美元升值，境外机构发行人民币计价债券，将来偿还美元本金和利息要多还钱，不合算。二是人民币利率比美元利率高，有一个息差，从融资角度也不合算，但是现在这两点都在发生变化。第一，未来一段时间人民币兑美元汇率总体趋于贬值。第二，美联储加息，而人民币利率水平总体趋势往下走，因为中国经济走势是 L 型，收益率、利率水平下降，中美息差收窄，因此，熊猫债券的春天来临了。他问如何合作，我说，你得同意我们投资入股，成为 EBRD 股东，我们同意你在上海设立分行，EBRD 与亚投行开展合作。我们分头行动，你把我的建议报告给你的行长，转告给欧盟主席容克；我的任务是抓紧时间写报告，报告很快得到李克强总理批示。2015 年底，EBRD 董事会同意中国投资入股，持有 0.1% 的股份，这是一个里程碑。这意味着 EBRD 乃至它的大股东欧洲投资银行在基础设施项目招投标过程中，中国企业有资格参与招投标活动。实际上，今年亚洲基础设施投资银行推出第一批两个融资项目，其中一个是和亚洲开发银行合作，另一个是和 EBRD 联合融资，开启了中欧金融合作新时代。

　　以上是简单介绍，相信大家对我的工作单位和工作都有了一个大概了解。今天讲课的任务，是对当前中国经济形势和政策作出分析，并对明年进行展望。我对当前中国经济形势的总体判断是：缓中趋稳，稳中向好。有两层含义：一是缓中趋稳，经济总体往下走，但趋于稳定，这是数量的概念；二是稳中向好，这是质量的概念。经济增长质量在上升，经济结构在优化。

一　中国经济运行总体平稳

（一）经济增长仍在合理区间

首先，看经济增长。学过一点经济学的人都知道，判断经济运行到底怎么样，通常看四大政策目标：第一，经济增长；第二，通货膨胀；第三，就业；第四，国际收支。今年三个季度 GDP 都是增长 6.7%，有人很怀疑，为什么不是 6.69%，或者 6.71%，而正好是 6.7%，显然有假！其实，三个 6.7% 含金量是不一样的，三个季度 GDP 基数越来越高，说明三季度经济增长基础更为坚实，短期内经济增长势头增强。另外，二季度 GDP 环比增速 1.9%，三季度环比增速 1.8%。如果折成年增长率，1.9 乘以 4，就是 7.6；1.8 乘以 4，就是 7.2，年增长率都超过 7%。这是从宏观上看。从微观上看，经济数据表现也非常好。今年已连续 9 个月实现工业增加值超过 6%，说明工业生产回升向好，工业企业销售收入、利润都在上升。体现工业运行重要指标的克强指数，也是明显上升的。包括工业用电量、铁路货物运输，还有长期信贷资金增长，这三个指标加在一起除以 3，去年底是 1.1%，今年 8 月份以后，已经超过 8%。

（二）物价整体稳定，摆脱了通缩压力

去年，CPI 平均 1.4%，今年大概是 2.0%，明年预计是 2.4%，总体上物价平稳。当然，明年物价会上涨，原因并不是需求拉动，而是成本推动。现在服务业作用越来越大，一线城市房价涨得很厉害，因此，生活成本和租金将上升。但是即便明年是 2.4% 的物价上涨率，应该说也是比较理想的。过去多年来，作为发展中国家，我们的政策目标就是将通胀率控制在 3% 以内。发达经济体，如美国、欧洲、日本，通胀目标都是 2%。

9 月份，我们结束连续 54 个月的通货紧缩，实现生产者出厂价格指数 PPI 同比增长 0.1%，10 月为 1.3%，11 月为 3.3%。通缩阴霾正在离我们而去。现在大家关心，明年会不会继续快速上涨？如果经济往下走，而物价往上走，那就是滞胀。我认为，从短期看，断言滞胀来临为时尚早。为什么？因为今年全球大宗商品价格上涨很厉害。去年底，国际油价最低为 26 美元一桶，现在大概 52 美元一桶，基本翻了一倍。明年、后年石油价格会不会继续大幅上升呢？我看不会。未来两三年，石油价格将在 45 美元一桶至 55 美元一桶之间窄幅振荡。什么理由？近期 OPEC 达成限产协议，希望把价格托住。近期，美国又发现新的页岩油气田，开采成本是 60 美元一桶。如果石油价格涨到 55 美元一桶，在 60 美元以上，这时 OPEC 市场份额势必会被人家拿走。因此，它会扩大产量压住价格。OPEC 本身开采成本是 20 美元一桶，仍有很大的利润空间。现在全球经济增长乏力，主要原因是技术革命、产业革命没有突破。未来几年，不用担心物价会大幅上

涨。从货币政策来看，调子已经定了，叫稳健中性。何为稳健中性？周小川行长讲，货币政策有五种形式，第一种叫松的货币政策，第二种叫紧的货币政策，第三种叫不紧不松，中性，第四种是中性偏松，第五种是中性偏紧。实际上，我们过去理解所谓稳健，包括中性、适度宽松和适度从紧，现在进一步明确，就是中性。因此，从货币层面来讲，并不支持通胀。

（三）就业形势较为稳定

今年实现新增城镇就业岗位 1300 万个问题不大。过去已经连续3 年实现这一目标。什么原因？服务业和小微企业发展吸纳了更多劳动力。另一个原因是老龄化社会渐行渐近。每年新进入劳动力市场的大学生和研究生数量是减少的。新增就业人口下降，而每年 1000 万离退休员工离开市场，腾出工作岗位。但是结构性问题依然存在，一个是蓝领工人就业受到影响，加工贸易制造业成本上升，大量外流，流到越南、印尼等新兴经济体。另一个，高端人才就业总体还不太好。特别是在 22 ~ 24 岁年龄段，也就是大学毕业和研究生毕业这个阶段，调查失业率大概是 24%，但也不用担心。总之，就业形势基本稳定。

（四）国际收支不平衡扩大

这是最近两年出现的新情况。2014 年四季度开始出现资本账户逆差，此前一直是双顺差，即经常账户顺差，资本账户也是顺差。那时，外汇储备大量积累，导致人民币升值压力。但是现在，尤其在最近我国进口扩大，出口竞争力下降，贸易顺差、经常账户顺差总体呈下降趋势，金融与资本账户逆差扩大。今年三季度创下历史新高，资本账户差额占 GDP 比重高达 –7.3%，这种情况要引起关注。因为正常差额不应超过 3%，无论顺差还是逆差。现在一个月平均下来，流出 400 亿～ 500 亿美元，外汇储备也从最高点 3.9 万亿美元下降到 3 万亿美元。

针对当前资本流出，我们应该有一个科学分析，不要被一些言论所误导。首先，居民海外消费增长有合理性。经过 30 多年改革开放和经济快速发展，当人均收入超过 8000 美元，老百姓的海外消费需求必然会上升。最近几年，我国到海外旅游每年都超过 1 亿人次，今年大概是 1.3 亿人次，形成 1 万多亿美元的海外消费，这不是坏事。当然，也不要过高估计这种增长势头，因为这种消费需求会有一个阶段性释放过程。比如，目前中美两国给予普通公民 10 年多次往返签证。去年 8 月，我全家到美国自驾游，我发现成本很低，租一辆车，一天下来 500 元人民币搞定；跑上七八百公里，油也很便宜，大概五六百元人民币；一天下来总共 1000 元人民币搞定。我们跑了二十几个州，8000 多公里。这种自驾游，并非难事，但是跑一次够了，不必每年都跑。大家想一想，30 多年前改革开放的时候，中国有 9 亿多农民，他们都有一个梦想，就是这辈子能有一次机会到天安门广场看一看，最好到天安门城楼上毛主席挥手的那个地方，照个相。现在不一样了，现在梦想到纽约、华盛顿、伦敦、巴黎，有这个条件，好事啊！这是中国进一步对外开放、融入全球化的具体体现。因此，海外消费需求上升很正常，还可以倒逼国内改革。国内很多商品质量、安全性不高。怎样才能把一些海外消费留在境内呢？这就需要供给侧结构性改革，提升产品质量。

另外，企业到海外投资，今年发展势头很猛，对此也要辩证地看。过去差不多 10 年时间，我们海外投资是交了学费的，通过摸爬滚打，积累了一些经验，对海外市场的风险、特点掌握得差不多了。现在有能力"走出去"，而且是向中高端迈进。过去主要是找矿，找能源、资源。现在不一样，可以搞研发，扩大市场营销，搞品牌并购等，向中高端迈进，也是好事。因此，产生对美元的需求，我觉得不完全是"跑路"的概念，是在全球范围内合理配置资源、重新布局。

也应该看到，当初我们积累这么多外汇储备干什么？外汇储备既是资产，其实也是负债。老百姓的钱存在那儿，现在老百姓要花这个钱，就给他们好了，是替他们保管而已。现在老百姓将手中的人民币适度换成美元，趴在自己账上，实际是财富重新搬家，把央行账户里的钱，挪到老百姓口袋里，是藏富于民，钱仍然是我们的，只不过原来在政府账上，现在到了老百姓账上。

近期人民币兑美元贬值是一种被动贬值。明年美联储可能加息 3 次，但不一定会有这么高的频率。去年底说，2016 年美元将加息 4 次，结果只在今年底加息 1 次。明年美国宏观经济数据要走一步看一步，不一定支持加息 3 次。即便加息，也不应过高估计资本流动对非美元货币造成的贬值压力，因为美国联邦基金利率增加 0.5 个百分点，而通货膨胀也在上升，实际利率不一定会增加。与此同时，新兴经济体经济复苏也会抑制资本外流。最重要的是，从中长期看我们自身基本面是好的，支持人民币升值，而不是贬值。为什么？第一，中国经济增长未来几年保持在 6%～7%，这是没有问题的，而美国经济增长最好也就是 3%，一般在 2% ~ 3%。我国 GDP 有 10 万多亿美元，每年增长 6.5%，实际新增大约 7000 亿美元。美国 GDP 是 18 万亿美元的，增长 2% ~ 3%，其实只有 4000 亿美元左右。所以说，中美两国是推动世界经济增长的引擎，但是我们这个引擎更厉害。第二，我国 10 年期国债收益率总体水平比美国高出 1 ~ 1.5 个百分点，投资回报率有吸引力。第三，过去几年美元升值导致美国出口竞争力下降，中国出口也下滑，但是美国出口下滑比我们多。相比之下，中国出口份额在上升。这三点都支持人民币升值。

另外，今年 10 月 1 日人民币加入 IMF 的 SDR 一篮子货币，在其中占比 10.92%。但实际上，在国际储备货币里面，人民币目前发挥作用只占 2%，中间存在近 9 个百分点的缺口。也就是说，未来几年境外国家外汇储备如果按照 9.2% 的比重持有人民币，必然产生大概 7 万亿元人民币的海外需求，这是拉动人民币升值的重要因素。

还有，我国提出"一带一路"倡议，涉及 65 个国家和地区的共同利益，咱们振臂一呼，国际社会热烈响应。G20 杭州峰会把"一带一路"提升到新的高度，作为实现联合国 2030 年人类社会可持续发展议程的重要合作平台。不久前，特朗普竞选时的国家安全高级顾问詹姆斯·伍尔西说，美国没有加入亚投行是一个错误。过去，我们跟美国学界、工商界交换意见，发现也有类似看法，政客往往眼光短浅。大家想一想，奥巴马和希拉里都是学国际关系和国际政治的，是法学博士，对金融问题不太懂，不是内行。现在美国要加入亚投行，我们持开放、欢迎态度，但很遗憾，剩下的股份不多了。

随着中国经济进一步对外开放，人民币需求会上升，特别是从 2009 年开始扩大人民币在贸易投资中的结算比例。目前人民币在对外贸易中的结算份额已经达到 30%。未来几年，美国页岩油气革命会导致石油美元逐渐淡出，如果中国抓住这个战略机遇，推动人民币在石油期货、大宗商品定价中提升地位和国际话语权，我觉得人民币国际化进程还可以加快。

更重要的是，美国本身也有推动美元贬值的内在因素。一是特朗普上台后，将采取扩张性财政政策。二是紧缩性货币政策，美联储加息属于紧缩性货币政策。但要把企业所得税降到 15%，居民所得税归并、简化，总体税赋下降，同时扩大基础设施投资，势必增加美国财政赤字。另外，扩大投资，美元升值导致美国出口下降、进口上升。11 月份，我国出口突然飙升，原因是美国、欧洲经济好起来了，外部需求回暖拉动我国出口。当然，未来趋势能否回稳，还有待观察。美国财政赤字和经常账户逆差进一步扩大，将导致美元贬值。我觉得，美元指数现在突破 102，将来不一定会直线上升。将内外因素综合起来分析，明年无论是人民币兑美元双边汇率，还是盯住一篮子货币，都能在合理均衡水平上保持相对稳定。

中央经济工作会议提出，继续坚持稳中求进的工作总基调，到底要稳什么？首先是稳预期。预期是大家的主观判断和心理感觉，需求引导，但不能停留在空洞口号上。一个多月前，也就是特朗普刚刚竞选胜出，大家都认为是"黑天鹅"事件。在那个时候，我们召开了一次中美经济学家对话会。国务院指示由中国国际经济交流中心牵头，联合国务院发展研究中心和中国金融四十人论坛，组织一个经济学家混合编队，共 20 位经济学家。美方由布鲁金斯学会和彼得森国际经济研究所组织 20 位经济学家。在这个对话会上，我讲到美国候任总统特朗普先生是搞房地产开发的，对金融的复杂性和中美合作的利害关系认识不够，也不专业。因此，大家有责任把道理跟他讲清楚，请美国经济学家转达我的观点，美方与会者表示赞成。要通过开展多层次对话，消除误解，找到利益交汇点。

当然，今年以来人民币汇率走势，总体看上半年好一些，下半年阵脚有点乱。年初，预期管理不错。当时周小川在《财经》杂志答记者问，稳住了市场预期。去年"8·11"汇改，第三、四季度情况很糟糕。今年累计下来，人民币兑美元汇率贬值7%，创下历史新高。即便是盯住一篮子货币，包括BIS和IMF一篮子货币人民币指数，今年以来也差不多贬了近6%，这个幅度有点大了。因为，如果预期管不住，就会出现贬值，导致资本外流，资本外流又反过来加速贬值，形成恶性循环。如果刹不住车，将会出现"踩踏性"事件，金融市场怕的就是"羊群效应"。

现在老百姓储蓄存款有60多万亿元。如果有1/3的人动了念头，想把钱换成美元，会发生什么情况？ 20万亿元，折合成美元就是3万亿美元，那时我们所有外汇储备都将灰飞烟灭，这是非常危险的。一年贬值7%，是个什么概念？就是在年初，你把人民币换成美元，一年下来，投资回报就是7%，再加上美元存款或理财产品回报2%，实际回报就是9%，这是无风险收益啊！如果大家都这么想，就很危险了。所以，一定要引导市场，稳定市场预期。

（五）短期外债风险可控

对外债风险和内债风险，也应该客观估计。现在短期外债不到9000亿美元。但在境外，总资产减总负债，我们有1.6万亿美元境外净资产。口袋里有钱，心里不慌。外汇储备 3 万亿美元，足以从容应对短期外债风险，没有问题。从内债来看，地方政府直接债务或有负债，共计 26 万亿元。再加上中央政府债务，总的公共负债占 GDP 比例为 60%。这在全世界是最低的，至少是最低之一。欧洲是 90%，美国是 100%，日本是 250%，我们只有 60%。因此，公共部门债务风险可控，大家不用担心。

不久前，财政部出台一个政策法规，即《地方政府性债务风险应急处置预案》。大家大吃一惊，误以为中国出现了地方政府债务危机。其实，我们是未雨绸缪，完善法制，是建立市场化、法制化的优胜劣汰机制。今年，大家看到的最典型事件就是东北特钢债务违约。东北特钢是国有集团公司，遭遇到期债务不能清偿。当时，媒体请我作点评，我就讲它不是资不抵债，而是不能清偿到期债务，是现金流不足，它有很多优良资产，控股了好几家上市公司，可以变卖部分股票用于还债，但是谁来决策呢？辽宁省国资委欠东北特钢 11 亿元债务，不是没有钱，就是不想还。借钱还钱，天经地义。可是地方政府没有这个概念，缺乏基本的契约精神。这次中央经济工作会议首次提出编纂民法典。当年拿破仑编纂民法典，是一个里程碑，推动了西方市场经济体制建立。我们建立社会主义市场经济体制，也必然要遵循市场经济的基本规律。政府部门必须遵守规则，今年《预算法》实施，卓有成效。

去年，地方政府债务置换，解决了短期风险压力。因为当年搞 4 万亿元投资之时，积累了一批短期债务，近期集中偿还。将它展期、置换之后，规范化运作，发现未来有偿债能力，但决策机制有缺陷。比如，东北特钢事件发生后，变卖国有资产由谁拍板？互相推诿，无人负责，这是一个问题。建立应对预案以后，权利和义务对等，决策流程清晰，什么时候依法破产，什么时候债务重整，都有法可依，这是完善机制，是一个进步。

二　经济新常态特征加速显现

（一）投资增速下降

近年来，中国经济新常态特征加速显现。传统推动经济增长的动力——投资驱动和出口拉动，都在减弱。但是创新驱动暂时跟不上。首先，从投资来看，1～11月固定资产投资增长8.3%，最近三个月，从8.1%、8.2%到8.3%，说明近期固定资产投资出现止跌企稳。但从历史经验看，当经济增长速度长期保持在9%以上，当时固定资产投资增速差不多在18%，是现在的将近两倍。这是否意味着现在固定资产投资增速只有8.3%，只能支撑4%左右的经济增长率呢？实际上，最近两年中国经济增长得益于服务业的快速发展。今年服务业对经济增长的贡献达到58%，消费对经济增长的贡献达到71%，已经发生了结构性变化。

应该看到，今年国有控股企业投资增长20%，而民间投资增速持续下滑，但最近几个月有止跌企稳迹象，最低时是8月份，为2.1%；9月份为2.5%，10月份为2.8%，11月涨到3.1%，有回升迹象，但势头并不强劲，这个问题要引起高度关注。房地产开发投资在去年底触底，接近1%的增长率。大家担心如果惯性下跌，今年可能出现零增长，甚至负增长。但是，今年初情况出现反转，全年平均增长

6.5%，房地产对今年经济增长贡献巨大。基础设施投资今年增长19%左右，但是制造业产能过剩问题还没有完全解决，制造业投资增长比较缓慢，只有2%～3%。主要靠基础设施投资和国有部门投资，显然不可持续。现在地方政府收入减少，支出增加，收支矛盾加大。

民间投资急剧下滑，是和海外投资ODI快速上升密切联系的。因此，政策也及时作出了调整。大家看到，近期中央出台保障产权的法律文件。国有产权、私有产权和知识产权都要保护，让民营企业吃上定心丸。如果在自己故乡能找到发展机会，谁还愿意离乡背井、漂流海外呢？道理很简单，说明我们体制确实有缺陷。中央经济工作会议明确提出，明年国有企业改革将集中在电力、石油、天然气、铁路、航空、电信和军工等七大领域，以混合所有制改革为突破口，解决自然垄断领域的公平竞争问题。发挥民间资金的积极性，同时激活国有企业创新动力，提高效率。另外，中央投资速度继续下滑，在整体投资增速下滑过程中，第三产业投资逆势增长11.1%。

（二）消费增长止跌企稳，出现新的消费热点

总体来看，消费趋于稳定。1～11月，消费增长10.4%。其中，主要是传统消费起支撑作用，即汽车和住房消费。前几年，信息消费爆发性增长，我国成为世界最大的移动互联网市场。最近两年开始下滑，今年下滑很多。网上销售一直保持强劲势头。汽车消费强劲增长，今年达到9%以上，主要原因是汽车购置税优惠政策刺激。2017年，优惠政策力度减弱，加上今年汽车消费有点透支，因此，明年汽车消费可能下降，期待能保持在7%左右，继续支持经济增长。

（三）房地产市场分化，一线城市出现过热

全年房地产开发投资增长6.5%，最近一线城市房地产销售与投资总体保持增长惯性。估计明年四月份以后会下滑，下滑到4%～5%我觉得就相当不错了，因为现在三线、四线城市库存还比较大。中央提出建立房地产市场平稳健康发展长效机制，这是一个重要变化。今年供给侧结构性改革这条主线内容有所扩展。去年就是讲"三去、一降、一补"五大任务，然后讲五大政策支柱，要总结这方面经验和教训，继续推进"三去、一降、一补"工作。另外，中央又提出三个重点任务。

一是农业供给侧结构性改革。农业是根本，也是短板。未来农业发展的方向，应该是现代化大农业，而不是以家庭为单位的小农经济，这是未来政策方向。因此，今年提出农村土地"三权分置"，要促进土地所有权、承包权和经营权有序流转，盘活农村资源，建立城乡统一的土地市场。要让城市的资金、技术、人才等生产要素和农村土地资源深度融合，提升农业劳动生产率。增加农民收入，促进农业转型升级，这对消化三线、四线城市房地产库存是非常有利的。

针对一线城市房价过高，采取针对性调控措施。现在是治标，即行政性手段：限购、限贷、限价。房价疯涨被控制住了，但市场供求关系依然是扭曲的。一线城市高房价，背后是有深层次原因的。首先，一线城市拥有更多公共资源，如教育、医疗、卫生等，这对高收入群体有巨大吸引力。北上广深房价为什么会涨呢？是因为它有魅力和吸引力。北京住房只有30%属于北京人的需求，70%属于北京以

外人的需求。北京以外需求巨大，很多人都想到北京来。很多年轻人到北京读书，上大学、读研究生后都想留下来，但是没钱买房子。父母的钱、爷爷奶奶的钱都弄过来，作为首付款买了房子。还有一些人先富起来，常言道，三代出一个贵族，自己是亿万富翁，把孩子送到海外留学，回国后安排在北京工作，虽然拿钱不多，但有面子，私下予以补贴，帮孩子买房买车，因此拉高了北京房价。

二是要针对性地增加土地供给。最近我经常讲，大家认为重庆市市长黄奇帆水平很高，我同意这个观点。但我觉得重庆房价不涨另有原因：第一，北京市是市，重庆市也是市，但是内涵不一样，重庆有大量土地，北京没有。今年北京供地计划只完成9%。我感到很奇怪。它是"挤牙膏"，少挤一点，就能卖个好价钱，价格越高，政府收入就越高。重庆可以搞地票交易，也就是将城市周边耕地改为商业用地，土地供给增加了。同时，在山里开出荒地，变为耕地，既没有突破耕地红线，又保证了土地供给，但是北京做不到，房价里面60%以上是土地成本。第二，同学们毕业后是到北上广深工作，还是到重庆工作？显然，北上广深吸引力大一些，外部需求拉动房价上涨。北京学区房涨得很厉害，30万元一平方米仍然有人买。有人讲这是投机，我觉得是刚性需求。为什么？人往高处走，水往低处流。家长都希望自己孩子不要输在起跑线上，省吃俭用买房、租房，让孩子接受最好的教育，这是真实需求，反映了公共资源分配严重不均衡。因此，要加强基础设施互联互通，把一线城市的一些功能疏散到三线、四线城市，这是一方面。另一方面，增加四线城市的教育、医疗投入，增加吸引力。还有配套改革，如户籍制度、社会保障制度改革，等等。否则，只让农民变成城市户口，搬到楼上住，并没有带来实际好处。年轻人需要找到工作，要就业。因此，产业化、城镇化一定要协同、融合。

三是振兴实体经济。大家看到，中央已经出台《中国制造业发展纲要（2015～2025）》，另外最近又出台《"十三五"国家战略性新兴产业发展规划》。未来建立五大支柱战略性新兴产业，每个产业规模达到10万亿元，五大产业就是50万亿元。我还没有想透这件事，你们也考虑一下。现在GDP总共70万亿元，未来增长速度只有6%～7%，算一下到2020年GDP是多少。我觉得，新兴战略性产业不太可能占有这么大的比重。发展实体经济应遵循产业变革趋势，但是，产业政策也要发挥正确引领作用。

目前，新兴消费发展势头很好，但还没有成为拉动经济增长的主要引擎。信息消费、养老消费、健康、体育、旅游等，规模还不大。另外，也要看到当中国消费拉动经济增长超过70%、第三产业成为拉动经济增长主要引擎的时候，国际经验表明，经济增长速度都不高，很少超过3%。但是，我们希望经济增长速度不低于6.5%，这是底线，否则翻两番战略目标就实现不了。"甘蔗没有两头甜"，既要实现高增长目标，又要改变国家产业结构，是很难同时实现的。因为中国国情不一样，我们还有6亿农民，农村城镇化到2030年才基本完成，那时城镇化率达到70%。在这一发展过程中，第二产业仍是拉动经济增长的重要引擎。如果丢掉这一基础，实现经济可持续发展是很难的。

（四）外贸继续负增长，出口下降扩大，进口下降收窄

外贸进出口总体下滑，出口增速下降，进口增速下降，但出口增速下降扩大，进口增速下降收窄。未来进口增速还会上升，贸易顺差

将继续减少，迟早会出现贸易逆差，但短期内不会。到 2020 年，中国会形成一个 6 亿人口的中产阶级，形成巨大的消费市场。因此，进口肯定上升。现在服务业竞争力弱，加工贸易成本上升，处在产业链和微笑曲线低端，总体竞争力不行，技术进步短期内很难立竿见影，装备制造业的一些关键零部件仍然靠进口。比如，大飞机发动机是进口的，电脑芯片也是进口的，每年进口芯片就要花掉 2000 多亿美元。外贸进出口下降，一方面是自身问题，另一方面也应该看到，过去五年全球贸易增长低于经济增长。今年经济增长 3.1%，贸易增长 1.7%，明年会好一点，但整体格局不会变。这次 G20 峰会提出促进贸易增长，拉动经济增长，要靠贸易，也要靠投资。但是，现在全球贸易和投资保护主义甚嚣尘上，这是现实。

吸收 FDI 和对外投资（ODI）快速增长，但是 ODI 从今年开始首次超过了 FDI。今年 2 月份以来，几乎每个月的对外投资都超过吸收外资。吸收外资基本保持零增长，而对海外投资保持 50% 以上增长。这种强劲势头未来几年不太可能持续，也是有一个阶段性释放。

第三产业的贡献，还有三大需求，最终消费需求的贡献，这里面也应该从两方面看。第三产业贡献在上升，达到 58%，一方面是第三产业发展比较快，另一方面是第二产业制造业下滑比较猛。同样，最终消费对经济增长的贡献为 71%。其中有一个重要因素就是投资下滑过猛。去年一年，整个固定资产投资 55 万亿元，我们是 70 万亿元的总 GDP 规模，有 55 万亿元用于投资，还有多高增长速度呢？增长空间很窄了。说明现在投资的边际收益率急剧下降，货币对驱动经济增长的边际驱动力也是下降的。当然，这种下降是符合经济规律的，也反映供给侧结构性改革还有很大潜力。

全要素生产率现在总体下降，全球都一样，都在下滑。这意味着从大的周期来看，从 20 世纪 60 年代到 2008 年 40 多年时间，全球经济增长是震荡上行的。金融危机是一个转折点，从 2008 年开始，到 2050 年，整体全球经济将震荡下行。因为支持全球化上半场的全球分工体系、技术创新和规则体系，现在都面临很大挑战，新的技术没有突破。页岩油气没有突破，新材料比如说石墨硒，还没有到市场化应用水平。新规则体系乱成一团，美国想抢占制高点，搞 TTP、TTIP，但是现在搁浅了。因为太高大上，脱离实际，不符合全球经济差异化、不平衡发展的现实。

在重新分工过程中，现在还比较乱。应对金融危机已经 8 年了，还没有完全彻底摆脱危机。但是应该看到，明年全球经济增长总体比今年好，为什么？因为今年以来油价、天然气价格上涨，俄罗斯、巴西这些资源依赖型国家活过来了。最近俄罗斯有变化，在联合国两次安理会投票中与中国不一致，而且跟特朗普"暗送秋波"，打得很火热。

对未来全球局势不能掉以轻心，也不要过于悲观。特朗普上台后，有些政策会很难落实，他首先要摆平一些事。第一，共和党内一些大佬不支持他，他要赢得党内支持。第二，传统主流媒体并不认同他，他是另类，他要摆平，要协调。第三，美国三权分立，总统权力受到很大制约，如他要扩大财政赤字，议会是否同意呢？不是他想干就能干的。再比如，他提出把中国列入货币操纵国，太荒唐了。那好，现在我不管了，会是什么样的结果呢？人民币将一溃千里贬下去。他骨子里是希望人民币升值，不是希望人民币贬值，同时又希望中国不管，这是自相矛盾的。另外，扩大基础设施建设投资，又把中国挡在国外，中国基础设施建设投资能力在全世界有口皆碑，这都是矛盾的。对中国增收 45% 特别关税，怎么可能呢？你征收我的，对不起，我列出报复清单，首先提高你的农产品关税。他上台之前，不是很多中西部地区农民投了赞成票吗？我针对性地打压你，他会招架不住的。"你中有我，我中有你"，还是要谈判，谈判就是双方妥协。大家不要担心，其实特朗普是讲道理的，他不是反对自由贸易，而是反对对美国不利的贸易。根据过去的经验，美国新一任总统上台后，基本上头一两个月，都要忙于应付兑现原来的承诺。三个月以后，他还得务实，他离不开中国，否则将两败俱伤，离他的政策目标越来越远。所以，我们要冷静观察，从容应对。

欧洲虽然面临内忧外患的局面，但是近期我接触到一些欧洲精英分子发现，在外部压力之下，欧洲更加团结起来，更加坚定走向一体化的信心。很多人只是看到表象，英国脱欧会有一个漫长的谈判过程。欧洲大陆方面，总体看核心国家是团结的。第一，意大利脱欧公投不行了，修改宪法公投已经告吹，意味着启动全民公投脱欧缺乏法律基础，无从谈起，这件事就算了结了。第二，法国右翼党魁勒庞女士不太可能成为"黑天鹅"，她现在的民众支持率不到 30%。大家看到，英国决定脱欧以后巴黎机会来了，中法共同开发第三方市场机会来了。成功案例就是中法在英国投资核电站。巴黎人民币离岸中心地位大大落后于伦敦，现在不需要经过伦敦辐射过来，巴黎可以单干，可以辐射到非洲，北部非洲都是法国的根据地。我们跟法国开展联合研究，就是研究如何共同开发非洲市场。

英国前首相卡梅伦提出共建中英黄金时代，并与习主席达成共识。梅姨（特蕾沙·梅）上台一开始是不认账，现在态度变了。英国一直主张自由贸易。我一直在思考中英之间能不能率先达成 FTA？我觉得中英双边投资协定 BIT 和 FTA 可以先行一步，这对英国有好处。上海和伦敦合作，可以巩固伦敦的传统金融中心地位，有可能性。英国率先加入亚投行，打破了西方国家对我们的封锁。

德国总理默克尔具有仁慈之心。叙利亚难民来了，她说欢迎到德国来，就像回到你的故乡一样。她想做好事，结果好事没办好，底层民众有意见。我觉得欧盟不会解散，尤其是南欧诸国，无论是西班牙、意大利，还是希腊，现在总体经济回暖向好、结构优化。即便在前几年最困难的时候，也没有离开。当时希腊出现债务危机，很多人说欧元区要崩溃了，我是坚定的乐观派。我认为，希腊离开欧元区不符合希腊人的根本利益。另外，欧洲人不希望德国、法国也不希望希腊离开，离开是大麻烦，还是在一起过日子好。美国希望欧洲相对稳定，不要乱，乱成一团，全球责任美国是扛不住的，它希望欧洲分担责任。我们中国人一向善良，希望有一个团结、强大的欧洲。

另外，最重要的原因是什么？2005 年我访问梵蒂冈，看到教皇散发一个小册子，讲了这么几句话：1999 年建立欧元区，统一货币，是奉行上帝旨意，是人类社会走向大同世界的里程碑，显然上帝也不会同意希腊脱离欧洲。民心所向啊！如果大家都不同意，全世界的人都不同意，这件事情能干成吗？是干不成的。但是，也应该看到欧洲有很多矛盾，治理机制效率非常低，这是事实。从欧盟层面、欧元区层面，到国家层面，中间环节多，官僚主义盛行。在中国，当年秦始皇统一度量衡，现在没有这些问题了。欧盟 28 个国家一起开会，一个文件要翻译成几十种文本，大家都是平等的，成本太高。开会的时候，都讲自己的语言。需要同声翻译，很麻烦，效率非常低。中国人不管方言有多少，但都讲普通话，都能听明白。欧洲治理成本大，即便如此，欧盟也不会解体。

（五）去产能工作进展不一

去产能这个事，要总结经验。要用市场化、法制化手段来解决问题。上半年，大家看到钢铁产量下降5.7%。到了下半年，价格上涨，煤炭也一样，产量下降10%，但是煤炭价格翻了一倍。问题来了。本来钢铁产能有12亿吨，但是产量只有8亿吨，实际内需7亿吨，1亿吨出口。在这种情况下，产能和产量并不是一回事。企业根据市场供求关系决定自己的产量。政府提出安全性、碳排放、能耗标准，凡是达标的，生产多少自主决策。达不到标准的，对不起，必须关停并转。现在很多企业趁着价格反弹，将落后产能死灰复燃。"僵尸企业"必须真正退出市场。现在市场机制不完善，政府出面干预是必要的，但最终要建立市场机制，让优胜劣汰机制自发发挥作用，而不是政府大包大揽，否则，"一碗水很难端平"。有人提出疑问，为什么将民营企业关了，而让国有企业留下？现在价格上涨，民营企业吃亏了。因此，去产能将有更大的挑战。

"去杠杆"这件事，明年可能会甩开膀子干。政策强调法治化、市场化，但问题是现在稳增长压力很大。稳增长的关键是稳投资，现在投资主力是国企。扩大投资和降杠杆存在一定矛盾。我们要建立机制，引进新的战略投资者，优化股权结构、公司治理结构，调整产业结构，创新商业模式，提升供给侧效率，这是目标。不能图形式上好看，本来借了银行的钱还不了，现在变成股东了，反正都不还钱，这不行。借钱还钱，天经地义，不能形成"赖账有理"的习惯，否则就破坏了市场经济的信用基础。

三　财政金融运行总体平稳

（一）财政收入急剧下降，财政支出增长乏力

目前财政金融最大的问题是财政收支矛盾突出，公共财政收入急剧下降，低于经济增长。1～11月，公共财政收入增长5.9%，中央财政收入4.4%，地方财政收入7.2%。但是支出责任上升，公共支出增加12.5%，中央支出"囊中羞涩"，但地方支出增长13.8%。总体支出责任上升，收入下降。财税体制改革今年有突破，明晰了未来分"三步走"的路线图。结构性减税、"营改增"扩大。5月1日以后，中央跟地方五五分成。中央拿多了，然后再返还给地方。但是地方税未来收入在哪里？原来靠房地产出让金，现在显然靠不住了。如何保证地方财政收入？这是一个大问题。现在有人寄希望于征税，征收房产税、财产税、消费税。我觉得，一定要认真研究。因为，我们总体上是要把税赋降下来。今年整体减税5000亿元，补短板5000亿元。

现在大家关心房产税。房产税争论最多，根本没有共识。因为中国房地产和别的地方不一样。最近温州有70年房产到期，政府说不用打报告申请，自动延期。但问题是，70年土地出让金已经交给政府，

成本包含在房子价值当中。房价 70% 左右是土地成本，已经交给你们了，在这个基础上征税合理吗？

对第二套房甄别的争议也比较大。现在流动人口很多，很多人的第二套房是刚性需求。有人在泉州有一套房，也可能在厦门有一套房，都是刚性需求。因为在那儿工作，周末回来，好像房子是空置的，其实有必要。不能把普通老百姓的日常消费品作为征税对象，否则，就不公平。特别是消费税，普通老百姓、低收入群体纳税后，生活负担肯定重了。年薪 10 万元和年薪 100 万元的人，同样征消费税，肯定是 10 万元年薪的人税赋重。消费结构不一样，占的比重就不一样。我觉得对住房调控，目标是解决投机性需求。既然是针对投机性需求，就应该在交易环节征收，而不应该在持有环节征收。买第三套房，在两三年内，一直持有并出租，这就不算投机。我们不是鼓励大家租房吗？因此，对这些出租房就不应该征税。到变卖时才会有差价收益，因此，征收资本利得税有必要，也是合理的。

但有一个前提，现在强调全面依法治国，要求任何改革都必须于法有据。否则，没有法律依据就干起来，不符合依法治国精神。我觉得要深入探讨，不要操之过急。中央经济工作会议的指导思想是稳中求进，这是总基调，是大局，是治国理政的指导原则，又是经济工作的方法论。在稳的前提下，各项改革应有所作为。当改革影响到稳定时，不要操之过急。因此，真正推动改革可能会从 2018 年开始，等到十·九大布局调整完成，再甩开膀子推进。

需要关注的是城镇居民人均可支配收入增长下降，只有 5.9%。农民收入增长 6.7%，跟经济增长保持一致。大家想一想，两个翻一番，一个是 GDP 规模相对 2010 年翻一番，另一个是人均可支配收入翻一番，现在城乡人均收入肯定在 6.5% 以下。因此，两个翻一番战略目标可能难以实现。但是，我们有底线思维，就是两个翻一番是庄严承诺，共产党人言而有信，我们要想办法。这个办法就是锐意进取，推进结构性改革，释放改革红利。改革红利在哪里？我觉得应该重点突破，而不是"撒胡椒面"。

今年 2 月，我在《紫光阁杂志》发表文章，题目是《供给侧结构性改革应该寻求重点突破》。针对供给侧结构性改革，现在笼统地讲供给侧质量不高、结构不合理，不能满足市场需求。看到这点还不够，我们还应该在一些重点领域实现突破。比如，粮食库存很多，特别是玉米库存很多，根本吃不完。但是，每年要大量进口粮食，花多少钱呢？ 2000 多亿美元。美国粮食便宜，质量安全。我们自己生产的牛奶不敢喝，要喝澳大利亚、新西兰的，说明食品安全和质量问题没有解决。如果我们努力，质量安全性提高了，就可以少进口一些。如果少进口 500 亿美元，就会拉动 GDP 增长 0.5 个百分点。

去年果断放开"二孩"政策。"十三五"期间，一年新增 400 万新生婴儿。大家忙乎起来了，现在北京各大医院最忙的是妇产科，上下几辈人都在忙。因此，每年拉动 GDP 增长 0.2 个百分点。要不是这 0.2 个百分点帮忙，今年"十三五"一开局就低于 6.5%，而不是6.7%，麻烦就大了。未来经济是 L 型走势，但是大家心存疑虑，现在是往下一竖还是到了水平面。我认为拐点已到，有人说还没到。若如此，两个翻一番的战略目标可能就实现不了。

关于降成本，很多人认为，首先是降工资，或者不涨工资，这里也有矛盾。很多地方在制订供给侧结构性改革实施方案的时候，把三年不涨工资作为前提条件，这意味着在两个翻一番当中，可能有一个翻一番完不成。降成本的关键是降什么？从曹德旺的言论看出，我国能源、资源、物流成本高，电很贵，天然气也贵，原因何在？原因在于国企垄断，缺乏竞争，导致成本上升、效率下降，所以整个价格就高。因此，要鼓励竞争，推进混合所有制改革。另外，隐性成本高，多数是预算外的，地方政府收费高。深化改革，让企业实实在在地轻装上阵，是下一步要研究的课题。

（二）货币金融平稳运行

货币金融运行中的突出现象是狭义货币 M1 增长，今年以来可以说是狂飙突进，现在达到了 25%。从去年 7 月到今年 5 月，广义货币供应量 M2 增速在 13% 左右。今年 5 月以后，M2 下了一个台阶，在 11.5% 左右。11.5% 左右的广义货币和信贷资金投放是合理的，虽然超过了经济增长几个百分点，但要看到主要问题是传导机制不畅，而不是钱不够。资金"脱实向虚"的问题要高度关注，特别是国有金融机构偏好把钱贷给国有企业，国企把钱存回去，又存到国有银行，形成内部循环。为何出现这种情况？银行把钱贷给国企，政治上正确。如果贷给民企，万一还不了咋办？要终身追究责任的，有政治压力。因此，银行偏好把钱贷给国企。国企有钱，很便宜啊。钱没地方花，怎么办？炒房地产。实际上，地王现象多是国企搞出来的。一些国企到海外搞房地产投资，需要严加管控。现在国企把钱换成美元，到海外从事房地产投资、搞非主营业务，规模在 10 亿美元以上的，则不被批准。

钱没地方花，再存到银行里。存到银行，存款利息 3%，贷款利息 6%，不是亏了吗？没关系。因为国企领导人的家属、孩子在银行工作，可以拿到奖金。应该看到，工商企业现有活期存款七八万亿元存在银行账上。在产能过剩的情况下，扩大货币投放，但是难以找到地方。老百姓对利率在意，私营企业也在意。但是，国企对利率敏感性较弱，资金成本变化几乎不起作用。过去地方政府也有这个毛病。因此，传导机制扭曲，宏观调控失灵。在这种情况下，中央银行宏观调控很难操作。我国公开市场操作缺乏政策工具，不像美国，有庞大的国债市场，有短期、中期和长期国债。而中国财政部和央行相互独立，缺乏协调性。因此，中国人民银行自己构造了一些政策工具，如7 天、14 天、28 天逆回购，还有 MLF、SLF。

今年只是在 3 月 1 日下调一次金融机构法定存款准备金率，其后再也没有下降，这不正常。大型国有银行法定存款准备金率 16.5%，这些资金锁定在中央银行要支付利息，而商业银行存贷款息差收窄。全社会都报怨，对银行施加压力，说银行利润太多了。但是，银行坏账上升，利润下降，这是事实。如果把银行逼死，企业也就完蛋了。这里面有没有回旋余地？现在，央行每个星期都忙得很。因为是 7 天回购，每天都有到期资金回来，又重新滚动投放，滚雪球越滚越大。2015 年，五六次降准降息。现在搞 MLF、SLF，构造"利率走廊"，促进利率市场化。商业银行把钱存在央行，是强制的。央行支付商业银行 1.6% 的利息。商业银行通过逆回购，从央行把钱借过来，利率2.3%，高了 0.7 个百分点。这 0.7 个百分点到央行口袋里，央行挣钱了。我多次呼吁，货币政策要大道至简。因为降准，银行可以发放长期信贷资金；央行频繁滚动操作，货币市场波动性增加，不利于商业银行安排长期资金。问题出在金融体系，但深层次问题则在产业，产业没有投资回报，信贷资金是流不下去的。另外，就是国企改革不到位，对资金成本缺乏敏感性，行为变异扭曲，导致货币政策失效。

最后，我想谈一下股市，大家都非常关心。

前不久，上证综指到了 3300 点，很多人问我，是不是牛市又回来了？我说不要轻举妄动。要看这次上涨的原因是什么，是蓝筹股上涨。但是谁在跌呢？创业板、中小板的股票在跌。什么原因呢？因为即将开通深港通，深圳跟香港一接通，资金可以流动，投资理念、市场规则就要接轨。在香港市场，价值投资理念深入人心，不像内地投资者热衷炒作。创业板那么高的市盈率，必然要回归，要调整。从中长期看，蓝筹股价值低估，因此投资价值上升。这意味着反弹行情快结束了，果然，后来跌下去了。

从历史经验看，有一个规律。一般来说，牛熊交替周期是七年到八年，这一轮周期是去年 7 月初的牛市结束，未来五六年大概都是熊市，因此大家不要轻举妄动。通常情况下，牛短熊长，牛市一年到一年半，熊市六七年。牛市为什么短？众人拾柴火焰高，上涨很痛快，但是，下跌痛苦一点。斩仓割肉，慢刀割肉，刀刀见血，所以要慢一点。未来中国经济走势总体是 L 型，不支持大牛市。另外，稳健中性货币政策也不支持大牛市，这是从经济基本面和资金面看的。还有一个小规律，就是春夏秋冬季节变换，对人的行为、心理和股市波动都有影响。一般来说，过了元旦和春节，春天来临，人们对新的一年多少都有一点美好期待。年底发奖金，资金入市，股市反弹。但是到了 5 月，"春眠不觉晓，处处闻啼鸟，夜来风雨声，花落知多少"，这时"春牛犯困"，股市要调整。7 月，赤日炎炎似火烧，基金经理度假，无心恋战，股市调整。8 月底，秋风送爽，好心情回来了，股市反弹。

9月中旬以后，千万要小心。为什么？冬天快来了。回首过去，每一次金融危机，几乎都发生在9月中旬到10月。1929年大危机是10月，1987年股市崩盘是10月，1997年亚洲金融危机是10月，2008年是9月15日雷曼兄弟出事。最近几十年，几乎十年来一次危机。按照这一规律，下一轮难过的坎儿很可能在2018年10月，我希望不要发生。总体上看，大家不要轻举妄动。因为全球经济下滑，未来三四十年总体是往下走。在这样大的背景下，中国也不例外。当然，股市中的结构性机会永远都会有，就看你的运气了。

总体来看，明年经济发展肯定是"稳"字当头，不会有大的波折。从短期看，无论从宏观还是微观，中国经济增长势头都比较强劲，所以，中央才有信心来部署未来改革。很多民营企业家找不到方向，我觉得要深刻领会新的政策导向。比如，振兴实体经济，发展五大战略性新兴产业，七大混合所有制改革领域，还有新兴消费等都是未来产业发展和投资方向。适应经济发展新常态，顺势而为，就能把握发展机遇。否则，逆势而上，风险就比较大。

总而言之，我们要对未来充满信心，重点领域改革也会有所突破，翻两番的战略目标是可以实现的。当然，如果大家不思进取，无所作为，实现这一战略目标可能就有点悬了。我觉得，现在到了十字路口，一定要上下一心，共同应对新的挑战。

谢谢大家。

后 记

经过一段时间的紧张筹备和编辑，《华大讲堂 2016》终于和读者见面了。

全书内容系根据专家演讲的录音整理而成，保留了口语化深入浅出的表述方式，把专家的思想和见解娓娓道来，让人犹如亲临讲堂。同时，通过每场报告会上互动环节的内容，再现专家与现场听众的智慧交流、思想碰撞，能让大家一窥专家学者的风采和魅力，激发思考，启迪思维。

本书能够顺利出版，首先得益于各位专家学者于百忙中拨冗审稿并授权；其次是得到社会科学文献出版社社长谢寿光教授的鼎力支持和宝贵指导，社会政法分社社长王绯和责任编辑曹长香尤付心力，谨此向他们致以最诚挚的谢意。

同时，也要向关心和支持本书出版的泉州市和华侨大学的领导以及各界人士表示衷心的感谢。此外，还要向为讲座录制整理、文稿编排校订等付出辛劳的华侨大学党委宣传部的工作人员表示感谢。

需要说明的是，本书的讲稿是根据录音整理而成，从口语到书面

语言转化的过程，难免存在疏漏和错谬之处，祈望读者海涵并予批评指正。

　　期待今后有更多的人能够走进"华大讲堂"，愿读者能够喜欢本书并有所收获。

编者

2018 年 3 月

图书在版编目(CIP)数据

华大讲堂. 2016 / 张永宁, 曾路主编. --北京:
社会科学文献出版社, 2020.3
　ISBN 978-7-5201-5411-6

　Ⅰ.①华… Ⅱ.①张… ②曾… Ⅲ.①社会科学－文
集　Ⅳ.①C53

中国版本图书馆CIP数据核字（2019）第180163号

华大讲堂2016

主　　编 / 张永宁　曾　路
副 主 编 / 赵小波　郭丹红

出 版 人 / 谢寿光
责任编辑 / 曹长香

出　　版 / 社会科学文献出版社·政法传媒分社（010）59367156
　　　　　　地址：北京市北三环中路甲29号院华龙大厦　邮编：100029
　　　　　　网址：www.ssap.com.cn
发　　行 / 市场营销中心（010）59367081　59367083
印　　装 / 三河市东方印刷有限公司

规　　格 / 开　本：787mm×1092mm　1/16
　　　　　　印　张：16.75　字　数：192千字
版　　次 / 2020年3月第1版　2020年3月第1次印刷
书　　号 / ISBN 978-7-5201-5411-6
定　　价 / 98.00元